더치 페이, 뉴욕을 사다

더치 페이, 뉴욕을 사다

© 조진우, 2022

1판 1쇄 펴낸날 2022년 6월 23일

지은이 조진우
총괄 이정욱 | **편집** 김경실 | **디자인** 조현자
펴낸이 이은영 | **펴낸곳** 도트북
등록 2020년 7월 9일(제25100-2020-000043호)
주소 서울시 노원구 동일로 242길 88 상가 2F
전화 02-933-8050
팩스 02-933-8052
전자우편 reddot2019@naver.com
블로그 blog.naver.com/reddot2019
ISBN 979-11-977412-3-4 03920

더치 페이
뉴욕을 사다

조진우 지음

대항해시대부터 21세기까지 더치 자본주의는 어떻게 살아남았나

도트북

"왜 하필 네덜란드야?"

내가 네덜란드에 관한 원고를 쓰고 있다고 말했을 때 나온 한결같은 반응이다. 영국, 독일, 프랑스, 혹은 러시아가 아닌 유럽 대륙 한 귀퉁이의 작은 나라, G7 반열에 들지도 않고, 우리나라와 외교상 특별한 관계가 있어 보이지도 않는 나라 네덜란드에 대해 무슨 이야기를 하겠다는 건지, 사람들은 의아해했다.

사람들의 의구심에 대비되는 네덜란드에 대한 내 관심은 오래된 것이다. 어찌 보면 정치학과 경제학을 공부한 사람으로서 네덜란드에 관심을 갖는 것은 당연했다. 정치사와 경제사에서 네덜란드만큼 흥미로운 나라를 찾기 어렵기 때문이다. 특히 17세기의 네덜란드는 자본주의 정치경제사의 집약판이라고 할 수 있을 만큼 흥미롭다.

자본주의 역사에서 17세기는 막 동터오기 시작하는 새벽과 같은 시기였다. 희끄무레한 빛이 들기는 했지만 아직 곳곳엔 어둠 뭉치가 머물고 있어서 시야에 보이는 사물은 그리 또렷하지 않았던 때다. 내가 그 시간에 특별히 관심을 가진 이유는 이때를 기점으로 동양과 서양, 정확히 말하면 서유럽과 중국 문명 사이에서 균형추가 서유럽 쪽으로 급격히 기울어지기 시작했기 때문이다. 많은 학자들이 그 원인이 무엇인지 추적해 왔고, 다수의 결과물들이 나와 있다.[1] 그때 서유럽으로 균형추가 기우는 데 결정적인 역할을 한 것이 네덜란드였기에 근대 유럽사와 경제사를 공부하는 데 있어 흥미롭지 않을 수 없다.

16세기 스페인과 포르투갈은 아시아와 아메리카로 가는 새로운 항로를 발견했다. 유럽과 아시아는 수천 년에 걸쳐 육로를 통해 서로 교류하고 있었지만 서로 직접 얼굴을 맞댄 것은 이때가 처음이었다. 네덜란드는 이 두 나라를 대체한 다음 세력이었다. 대항해시대를 연 개척자는 아니었지만 이들을 맹렬히 추격해서 결국엔 따라잡은 나라였다. 그러나 맹목적인 추격자는 영원히 개척자를 따라잡을 수 없다. 추격자에게는 개척자를 능가하는 무엇이 더해져야 하는데 네덜란드에게는 그 '무엇'이 있었다. 이것이 네덜란드가 특별한 첫 번째 이유이다.

네덜란드는 17세기 스페인과 포르투갈 뒤를 이어 전 세계를 연결하는 무역망을 구축했던 해양대국으로 첫 번째 후발자였을 뿐 아니라, 국가 간 무역과 자본주의를 결합시킨 장본인이었다. 근대 제국주의가 본격 등장하기 전인 17세기에 네덜란드는 국제무역에서 나라 자체가 오로지 합리적 이윤 추구에 매진하는 상업회사에 가까운 행태를 보였다. 글로벌 기업시스템을 처음 운영했던 네덜란드는, 제국주의가 아닌 다국적기업 활동이 세계경제의 한 축이 된 현재 시점에서 반추할 수 있는 의미 있는 선도자였다. 그래서 이 시기의 네덜란드에 대한 탐구는 자본주의와 근대 국가를 연구하는 데 있어서나 다변화된 지구촌 시대인 현재의 경제 패권과 균형을 읽는 데에도 중요하다.

네덜란드가 특별한 두 번째 이유는 17세기 이 나라가 아시아에서 가장 광대한 무역망을 구축했다는 이력에서 나온다. 17세기가 시작될 무렵 일본에는 도쿠가와 막부가 개설되었고, 17세기 중반에는 중국 마지막 전근대 왕조인 청나라가 건국했다. 당시 네덜란드는 대만과 일본에 상관(商館)을 운영했던 유일한 유럽국이었다. 따라서 중국과 일본이 서구로부터 들어오는 새로운 패러다임의 세계를 인식하는 데 지대한 영향을 끼쳤다. 조선은 그런 중국과 일본이 정립한 세계관을 간접 경험했다. 또한 비록 직접 교역을 하지는 않았지만, 고립된 조선에 상륙했던 유럽인이 밸테브레와 하멜이라는 두 네덜란드인밖에 없었다는 점도 네덜란드가 아시아에서 폭넓게 활동했음을 증명한다.

　세 번째는 우리와 관련되어 있다. 당시의 해양 제국 스페인 통치에 대항했다는 점, 호시탐탐 이 땅을 노리는 열강들에 둘러싸여 있는 지정학적 위치, 그리고 종교적 이념 차이에 의한 분단 등, 여러 측면에서 네덜란드 역사는 강대국들의 힘겨루기 틈바구니에서 끈질기면서도 돋보이게 살아남은 한국인들에게 동질감을 갖게 한다. 비단 과거 역사뿐 아니라 국가적 갈등과 역경 가운데서도 세계 무역 강국으로 군림하고 문화적인 영향을 미치는 과정은 지금의 우리에서 주는 시사점이 크다. 이것이 네덜란드가 우리와 접점 없는 먼 나라가 아닌 이유이다.

　마지막으로 17세기 네덜란드의 의미는 경제적인 부분에 국한된 것이 아니라 문화적인 면에서 '더치(Dutch, 네덜란드인) 스타일'을 창조했다는 점에서 찾을 수 있다. 해외 무역으로 축적한 부를 바탕으로 바로크 예술이 발전하는 데 기여했던 점을 빼놓을 수 없다. 17세기 유럽인 삶의 풍경을 다루는 저작들에 등장하는 대부분 그림자료들의 인물들이 네덜란드인이라는 것을 아는가? 그렇게 된 이유는 간단하다. 그 시대 네덜란드인만이 자신들의 일상 모습을 그림으로 남겼기 때문이다. 바로크 예술에서 네덜란드가 차지하고 있는 독특한 위치는, 막대한 부를 공화국 시민들도 함께 향유한 흔적이라는 점에서 의미가 있다. 다른 나라는 구체제가 강고하던 시절에 궁정 암투와 같은 이야기가 등장하지 않는 17세기 네덜란드 역사는 그 자체만으로도 신선하다.

예기치 않은 코로나19 팬데믹으로, 원래 계획했던 대로 네덜란드로 건너가 도서관과 박물관을 뒤지는 작업까지는 못 했지만, 그동안 축적해 놓은 자료들과 글로벌하게 연결되어 있는 자료들의 온라인 연결망은 이 원고 작업을 충실히 할 수 있게 해주었다. 이 책의 주제를 말하라면 "유럽이 종교개혁으로 중세에서 벗어나던 시기에 탄생한 네덜란드라는 신생국이 어떻게 근대 자본주의를 개척하게 되었는가?" 정도가 되겠지만, 근대 유럽의 역사와 자본주의의 전개 과정을 집약적으로 들여다보고 싶은 사람들이라면 지루하지 않게 읽을 수 있는 내용이 아닐까 싶다.

끝으로, 제목에 대해 덧붙인다. 정확히 말해 17세기에 네덜란드가 북아메리카 원주민들에게 헐값에 사들인 것은 지금의 '맨해튼'이었다. 그런데 '뉴욕'을 샀다고 한 것은, 맨해튼을 발판으로 성장한 이 도시가 17세기 네덜란드의 유산인 도전과 자유, 그리고 관용을 표상하는 도시이기 때문이다. 다시 말해 이 책에서 전하고자 하는 바를 가장 함축적으로 표현해 제목에 담았다는 말로, 길어질 설명을 대신한다.

2022년 봄

조진우

I

프롤로그

1603년 2월 25일 이른 아침 다급한 노크 소리를 듣고 일어나 갑판으로 나온 헴스케르크[2]의 눈앞에 포르투갈 화물선이 다가왔다. 그는 어제 조호르 강 어귀에 자신이 이끄는 선단인 백사자와 알크마르[3]를 정박시키고 포르투갈 배가 지나가면 약탈하기 위해 기다리고 있었다. 선단의 사거리로 접근하고 있는 배는 해상도시라고 불러도 좋을 1,400톤에 달하는 산타 카타리나[4]였다. 이 거대한 먹잇감을 잡는다면 헴스케르크는 지난 1년여 동안 동인도에서 겪었던 불운과 실패를 단번에 만회할 수 있었다. 암스테르담을 출발해 동인도로 오는 동안 헴스케르크는 스페인 아르마다의 공격을 받아 선원들을 잃었을 뿐만 아니라 동인도 여러 섬들을 다니며 향신료를 구하는 과정에서도 포르투갈의 방해로 번번이 빈손으로 돌아섰다.

헴스케르크는 희열에 날뛰는 가슴을 진정하고 침착한 목

소리로 공격 준비를 지시했다. 포수들이 자리를 잡는 데 긴 시간이 필요치 않았다. 오전 8시, 헴스케르크는 화물들을 최대한 보호하기 위해 돛을 조준해서 발포하라는 명령을 내렸다. 조호르 강 하구를 마주 보고 있는 싱가포르 해협의 좁은 뱃길에는 암초가 많았다. 거대한 산타 카타리나는 변변한 대응도 못하고 날렵한 두 배에서 쏘아대는 포격을 받아 갑판이 초토화되고 좌초될 위기에 처했다.

사략, 허가받은 바다의 노략질

오후 6시 무렵, 산타 카타리나 선장 세바스치옹 세흐옹[5]은 백기를 들고 항복조건을 협상하기 위해 백사자에 올랐다. 헴스케르크는 선원 등 모든 승선자들을 포르투갈이 관할하는 멜라카로 보내주는 대신 배와 화물은 자신에게 넘기라고 요구했다. 만일 1시간 안에 이를 받아들이지 않는다면 전투는 달빛 아래 계속될 것이라고 선언했다.[6] 세흐옹 선장은 헴스케르크의 말을 거부하면 승선자 모두가 배와 함께 싱가포르 해협에 수장되는 것 외에 달리 방도가 없음을 잘 알고 있었다. 이미 산타 카타리나 선원들 중 70여 명의 사상자가 났지만 만일 헴스케르크가 돛을 겨냥하라는 명령을 하지 않았다면 사상자는 더 많았을 것이다. 세흐옹은 항복 조건을 받아들였

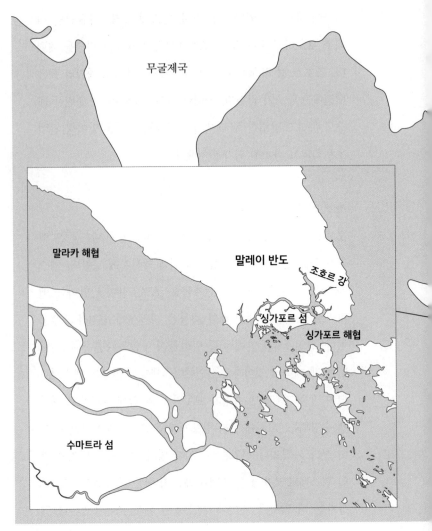

무굴제국

말라카 해협

말레이 반도

조호르 강

싱가포르 섬

싱가포르 해협

수마트라 섬

○ 싱가포르 해협

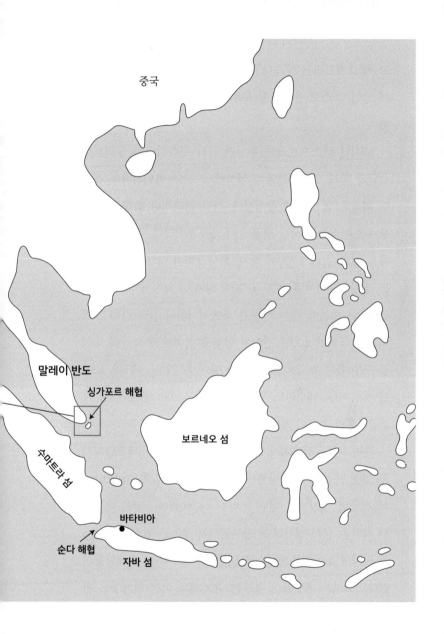

중국

말레이 반도

싱가포르 해협

보르네오 섬

수마트라 섬

바타비아

순다 해협

자바 섬

고, 헴스케르크는 약속대로 산타 카타리나에 타고 있던 선원과 군인, 그리고 민간인 등 모두 800여 명을 멜라카까지 호송했다.

1604년 헴스케르크는 부서진 산타 카타리나를 수리하여 선단과 함께 암스테르담에 입성했다. 산타 카타리나에 실렸던 화물은 곧 경매에 부쳐졌다. 산타 카타리나 화물은 마카오에서 선적한 중국산 상품들이 대부분이었다. 주요 화물목록을 보면 실크 2,700여 상자, 생사 250여 상자, 장뇌 150여 통, 설탕 1,200여 통, 비단옷 70여 상자, 도자기 60여 톤 등이었다. 이 화물에 대한 반응은 폭발적이어서 실크 판매로 벌어들인 금액만 200만 길더에 달했으며 여타 물품판매 수익을 모두 합친 총 수익금은 350만 길더가 넘었다. 이것은 1602년 설립 당시 네덜란드 통합 동인도회사(VOC)[7]가 모은 총 자본금 650만 길더의 절반이 넘는 금액이었다.

한편, 산타 카타리나가 도착하기 전부터 암스테르담에서는 교역 목적으로 출항했던 헴스케르크 선단의 사략(私掠)[8]이 정당한 것인가에 대한 논란이 한창이었다. 당시 유럽에서 사략은 흔히 생각하듯 정부군에게 쫓기는 범죄자가 아니라 국왕의 허가장을 받은 정당한(발부한 나라에서는) 경제활동이었다.[9] 하지만 네덜란드 정부는 VOC에게 이런 허가장을 발부한 적이 없었다. 법정에 선 헴스케르크는 자칫 중죄인으로 몰릴 위기였다. 헴스케르크는 포르투갈이 동인도 지역에서 행했던 많은 악행에 벌을 주기 위해 산타 카타리나를 공격했다고 항변했다. 그의 변호를 도왔던 VOC의 노력 덕에, 그리고 독립전쟁 중이었던 네덜란드와 스페인 관계 때문에 그의 행위는 정의 구현으로 포장되었다. 당시 스페인과 포르투갈 왕국은 모두 펠리페 3세[10]의 통치를 받고 있었으므로, 포르투갈 상선을 사략한 것은 펠리페 3세가 네덜란드와의 전쟁에 쓸 군비를 약탈한 것이므로 독립전쟁에 기여했다는 주장이 받아들여졌다. 이 논리는 어차피 같은 편이었던 법관들의 구미에 잘 맞는 것이어서 헴스케르크는 무죄 판결을 받았다. 그가 노획한 산타 카타리나 화물은 정당한 전리품으로 인정되어 VOC와 헴스케르크에 일정 비율로 귀속됐다.

하지만 헴스케르크의 주장에는 많은 거짓이 있었고, 이것을 아전인수로 받아들인 암스테르담 해군법원 판사들의 판결문에는 모순이 가득했다. 이 문제에 보편적인 자연법 원리를 적용해 논리적인 정당성을 부여한 것은 그로티우스[11]였다. 근대 국제법의 창시자로 평가되는 그로티우스는 어떤 국가도 유효하게 점유하지 못하는 공해상에서 모든 배는 항해와 무역의 자유를 가진다는 원칙을 제시했다.[12] 그로티우스의 주장에 따르면 공정한 재판관이 부재한 먼 바다에서 헴스케르크는 스스로 재판관이 되어 포르투갈의 악행을 단죄할 권리가 있었고, 그는 그 권리를 산타 카타리나를 향해 행사했던 것이다.

열린 바닷길, 태동하는 자본주의

이 사건이 발생한 것은 스페인의 콜럼버스와 포르투갈의 바스코 다 가마가 각각 서쪽과 동쪽으로 유럽을 떠나 새로운 항로를 개척한 지 100여 년이 지난 시점이었다. 지난 100년간 스페인과 포르투갈은 교황이 정해 준 대서양의 기준선을 준수하며 세계의 바다를 사이좋게 양분했다.[13] 그 기준에 따르면 동인도 지역은 포르투갈만 무역할 수 있는 포르투갈의 바다였다. 하지만 헴스케르크의 사략 행위는 그런 포르투갈의 아성을 단번에 무너뜨렸다. 신의 권위를 빈 교황이 정한 규칙은 부를 향한 인간의 야심을 더 이상 억제할 수 없었다. 이 사건에 대한 재판과 무죄 판결, 그리고 그로티우스의 옹호 이후 전 세계 바다는 유럽국들의 제국주의 경쟁 무대로 변했다. 특히 VOC는 기회를 놓치지 않고 최선두에서 맹렬하게 시장 개척에 나섰다. 국가가 아닌 민간 회사인 VOC가 벌인 활동에 자극된 서유럽 사회는 서서히 부의 흐름을 중심으로 움직이는 자본주의라는 새로운 경제체제를 조각해 갔다.

16세기 중엽까지 스페인의 한 속주에 불과했던 네덜란드는 아직 독립전쟁 중이었음에도 불구하고 동인도 무역을 통해 막대한 부를 쌓으며 자본주의의 선봉에 섰다. 일약 유럽에서 가장 부유한 나라가 된 네덜란드는 그 부를 바탕으로 스페인이 차지하고 있던 패권국의 자리를 이어받았고 세계 곳곳에 그들만의 문화를 심었다. 전통적인 전제왕권이 존재하는 나라들과는 다른 네덜란드의 독특한 문화는 이 나라의 지리적인 위치와 지난했던 독립 과정에서 형성됐다. 정치적으로 가톨릭 전제왕국이었던 스페인과 80년 간 이어진 전쟁을 주도했던 것은 개신교 세력이었다. 이들을 중심으로 독립을 선언하게 되면서 개신교 공화국 네덜란드는 100여 년 간 서유럽을 달구었던 종교개혁을 완성했다. 경제 측면에서는 대영주가 없고 척박한 땅에 세워진 네덜란드는 토지가 경제의 중심이 될 수 없었으므로 필연적으로 상업을 기반으로 하는 자본주의가 발달할 수밖에 없었다.

네덜란드가 세계 최초의 자본주의 개신교 공화국이 될 수 있었던 것은 지리와 역사가 만든 필연이었다. 라인 강 하구 삼각주를 중심으로 건국한 네덜란드의 국토는 고대 이래로 저지대라고 불렸다. 밀물이면 바다에 잠기는 지나치게 척박한 땅이었지만 저지대에는 로마시대 이전부터 사람이 살았다. 그들은 자연 환경을 이겨내야 했기 때문에 강인하고 독립심이 강했다. 그 땅에서 나는 곡물로는 필요한 식량을 모두 충족시킬 수 없었으므로 사람들은 일찍부터 바다를 이용하여 어업과 상업을 발달시켰다. 그러나 중세기 동안 그들의 땅은 전쟁기술에 능한 영주들에 이리저리 소속되었을 뿐, 독자적인 정치권력을 구축하지 못했다. 16세기 초까지 저지대는 특별한 이름도 없이 신성로마제국의 속주였다가 신성로마제국이 분할될 때 스페인의 영토가 됐다. 신성로마제국 분할 시기에 저지대에서 장차 독립으로 가는 작은 불씨가 켜졌다.

II

신생국 네덜란드,
종교개혁의 완성품

1.

반역의 시작

1559년 샹티리 숲에서 들은 비밀

싱그러운 6월의 공기를 머금은 파리 북쪽 샹티리(Chantilly) 숲에는 상쾌한 긴장감이 넘실댔다. 사방에서 감지되는 사냥감 냄새에 흥분한 개들이 짖어대는 소리와 말 울음소리가 들떠서 질러대는 사람들 소리를 집어삼켰다. 하지만 오늘 사냥회를 주최한 앙리 2세[14]는 이들 무리와는 조금 떨어져 설치한 호화로운 텐트에서 펠리페 2세[15]가 보낸 사절을 기다리고 있었다. 휘장이 열리고 잘 차려입은 청년이 들어왔다. 그날 앙리 2세를 방문한 청년은 나중에 침묵공이라 불렸던 홀란드 영주 빌렘[16]이었다. 26세의 빌렘은 스페인과 프랑스가 벌이고 있던 이탈리아 상속 전쟁을 끝내는 평화조약을 채결하기 위해 프랑스에 왔다.

앙리 2세는 1547년 즉위한 뒤 신성로마제국 황제 카를 5세[17]를 타도하고 유럽에서 패권을 잡기 위해 애써 왔다. 이탈리아 전쟁을 일으킨 것도 카를 5세가 가진 영향력에 타격을 주기 위해서였다. 하지만 카를 5세는 1556년 신성로마제국을 분할하여 스페인과 아메리카 식민지, 그리고 저지대를 아들인 펠리페 2세에게 물려주고 자신은 황제 자리에서 물러나 버렸다. 축소된 신성로마제국은 더이상 앙리 2세의 타깃이 아니었다. 앙리 2세가 문제 삼았던 이탈리아 영지는 스페인에 복속되었지만, 이 문제를 상속자인 펠리페 2세와 다투고 싶은 생각은 없었다. 그래서 그는 통 큰 양보를 하면서 스페인과 평화조약을 추진했다. 카토-캉브레지[18]조약으로 불리는 이 평화조약은 단순한 종전조약을 넘어, 오래 반목했던 스페인과 프랑스가 가톨릭국가로서 서로 동맹을 맺는다는 의미를 가지고 있었다. 앙리 2세는 개신교에 잠식되고 있는 프랑스를 구하기 위해 신앙심만큼은 자신을 능가할 수도 있는 펠리페 2세와 가톨릭 동맹을 맺는 결단을 내렸다.

오늘 그가 사절을 부른 것은 평화조약에 더해 '그 문제'를 빨리 매듭짓고 싶었기 때문이다. 앙리 2세는 즉위 후 비상한 노력으로 위그노를 근절하려 노력했지만 국내외 상황은 녹록치 않았다. 이때 스페인 왕으로 즉위한 펠리페 2세가 저지대 위그노를 뿌리 뽑을 수 있는 획기적인 제안을 했다. 바로 스페인과 프랑스에서 운영되고 있는 종교재판소를 저지대에도 설치하겠다는 내용이었다.

앙리 2세는 펠리페 2세가 먼저 손을 내민 이 제안에 뛸 듯이 기뻤으므로 펠리페 2세의 심복이 분명한 빌렘에게 첫눈에 호감을 가졌다. 의례적인 인사가 끝난 뒤 앙리 2세는 허심탄회하게 프랑스 땅에서 위그노를 뿌리 뽑는 데 스페인이 공조를 해준다니 무척 기쁘다고 치하했다. 이어서 그는 위그노세력 배후기지가 된 저지대에 종교재판소를 하루속히 설치하길 바란다고 했다. 빌렘은 앙리 2세의 말을 경청한 뒤 폐하의 뜻을 펠리페 2세에게 잘 전달하겠다고 답했다. 프랑스 왕이 하는 말을 들으며 적당히 호의적인 태도를 취했던 빌렘은 사실, 처음에는 앙리 2세가 말하는 내용을 이해하지 못했다. 펠리페 2세는 사절로 가는 빌렘에게 종교재판소와 관련한 내용을 귀띔해 주지 않았기 때문이다.

앙리 2세가 쏟아내는 장황설을 들으며 빌렘은 점점 요동치는 가슴을 진정해야 했다. 중세 동안 교황청이 재가한 종교재판소는 여러 지역에 설치되어 운영되었지만, 스페인 종교재판소는 특히 악명이 높았다.[19] 빌렘 스스로는 가톨릭 신자였으므로 개신교도만을 탄압할 종교재판소 자체에 두려움을 느낄 필요는 없었다. 하지만 저지대에 종교재판소가 설치된다면 그것이 개신교도만을 색출하여 처단한다 해도 결국 그 대상은 저지대인이 될 것임은 자명했다. 펠리페 2세는 빌렘을 비롯한 저지대인들이 세금을 바치며 안전을 의탁하고 있는 군주였다. 그런데 알고 보니 펠리페 2세는 저지대인들을 의심하고 있었고, 이제는 오랜 적국과 내통해서 저지대인에게 위해를 가할 계획을 세웠다. 펠리페 2세가 이 계획을 미리 빌렘과 같은 저지대 귀족들과 상의하지 않은 것도 이미 펠리페 2세와 저지대인들 간에는 깊은 심리적 간극이 존재한다는 의미였다. 이 일을 계기로 빌렘 마음속에는 펠리페 2세에 대한 충심이 무너지고 그 자리에 반역의 씨가 자라났다.[20]

파란의 예고, 신성로마제국 분할

빌렘의 영지가 있던 저지대[21]는 고대부터 갈리아와 게르마니아 사이, 중세에는 프랑스와 독일 사이에 위치해서 프랑크 왕국에 속했다가 11세기에는 독일지역을 중심으로 개국한 신성로마제국에 속했다.[22] 저지대인들도 게르만족 후손이었지만 일찍이 갈리아로 분류되어 로마화됐기 때문에 독일어가 아닌 고유어인 네덜란드어를 썼다. 신성로마제국 시기 저지대에는 위치에 따라 자연 환경과 사회 환경이 다른 17개의 작은 공국들이 있었다. 저지대 17개 주가 가시적으로 하나의 행정적 단위로 묶인 것은 1549년 신성로마제국 황제 카를 5세 칙령을 통해서였다. 카를 5세는 저지대 17개 주를 하나의 속국으로 만들어 총독(Regent)을 파견했다. 총독은 플랜더스[23] 주에 있는 브뤼셀에서 저지대를 다스렸다. 이때도 이 지역은 원래 한 나라가 아니었기 때문에 정식 이름은 없고 그저 '17개 속주'로만 불렸다.

저지대는 비록 정치적으로는 신성로마제국에 복속되어 있었지만 바다와 큰 강들이 만나는 지리적 잇점을 활용해 경제적으로 풍요를 누렸다. 중세부터 해안지역인 플랜더스에는 안트베르펜, 겐트 등과 같은 상업도시가 발달해서 유럽세계에서 이탈리아 도시들과 함께 양대 시장권을 형성했다. 플랜더스 북쪽 지역에는 북해에 나가 청어를 잡는 어업이 발달했는데, 암스테르담이 그 중심이었다. 해안 도시들과 유럽 내륙지역은 라인 강 등 국제 하천을 통해 활발히 교역했다.

카를 5세 시기 거대한 신성로마제국에는 다양한 민족과 문화가 뒤섞여 있어서 나름대로 서로 간에 균형을 이루고 있었다.[24] 그의 제위 기간은 종교개혁이라는 광풍이 서유럽을 휩쓸고 있던 시기이기도 했다. 독실한 가톨릭 신자였던 카를 5세는 종교개혁에 맞서 고군분투했지만, 결국 독일 각 제후들에게 종교를 선택할 수 있는 자유를 주는 '아우스부르크 화의'를 인정해야 했다. 종교개혁의 중요한 분수령이 되었던 이 화의가 이루어졌던 1555년, 카를 5세는 또 하나의 중요한 결정을 내렸다. 바로 신성로마제국을 둘로 분할하여 자신의 아들과 동생에게 각각 양도하고 자신은 퇴위하는 양위를 결정한 것이었다.[25] 이때 카를 5세가 다스리던 땅은 크게 독일을 끼고 있는 축소된 신성로마제국과 스페인을 중심으로 분할되었다. 독일 등 중부 유럽과 신성로마제국 황제의 관은 동생 페르디난트가, 스페인과 그 식민지는 아들 펠리페가 물려받았다. 황제 자신을 비롯한 형제들은 독일에 뿌리를 두고 있는데 비해 아들 펠리페는 모계로 스페인 혈통을 받았으므로 자연스러운 분할이었다.

축소된 신성로마제국은 명색으로는 황제위였고, 합스부르크 가문의 뿌리가 있는 곳이기도 했다. 하지만 종교개혁 중심지로 아우스부르크 화의 이후 황제 권위는 초라해져 있었다. 스페인은 겉으로는 거대한 아메리카 식민지를 경영하면서 제국으로 발돋움하고 있는 나라였지만, 내부를 들여다보면 재정 고갈로 파산 직전에 있었다. 두 지역 다 허장성세뿐 실속은 없었다.

유일하게 유럽의 경제 중심으로 성장하고 있는 저지대만
이 알짜배기 영토였다. 그런 저지대가 스페인의 영토가 됐다.
게르만계인 저지대의 새 주인이 된 스페인은 라틴계일 뿐 아
니라 이슬람 세력을 몰아내고 이베리아 반도를 통일하는 과
정에서 전제군주제가 확립된 나라였다. 오랜 세월 자치권을
누리던 저지대 17개 주가 전제군주 통치 아래 놓이게 된 것
은 앞으로 있을 파란을 예비하는 일이었다.

스페인 왕 펠리페 2세

카를 5세로부터 스페인과 아메리카 식민지를 물려받은 펠리
페 2세는 역사상 전제 군주로 이름을 떨친 인물이었다. 그는
유럽 전제 군주로는 완벽한 혈통을 타고 났다. 그는 합스부르
크가의 화려한 혼맥의 최절정으로 아버지인 카를 5세는 스
페인과 독일 왕조에 이름을 올렸고, 어머니는 포르투갈 왕조
혈통이었다. 카를 5세는 저지대에서 태어나 5개 국어 이상을
구사하는 국제인이었지만, 유독 스페인어는 구사하지 못했
다. 그에 비해 스페인에서 출생하고 성장한 펠리페 2세는 스
페인어 외엔 할 줄 아는 언어가 없었다. 그에게 조국은 당연
히 스페인뿐이었다.[26] 자율성이 강한 저지대와 이런 펠리페 2

세 사이에 궁합이 좋기를 기대하기는 처음부터 어려웠다.

스페인에서만 살던 펠리페 2세는 1555년 양위 때문에 어쩔 수 없이 저지대로 건너왔다. 그는 양위 후에도 1559년까지 브뤼셀에 머물며 종교개혁으로 신교도 왕이 옹립되는 영국과 프랑스를 견제했다. 아버지 뒤를 이어 가톨릭 세계 수호자가 되고 싶었던 펠리페 2세가 대적할 적의 범위는 아버지대 그것과는 비교할 수 없이 넓어졌다. 카를 5세에게 "가톨릭 세계 수호"란 멀리 있는 이슬람 세력인 오스만 투르크가 유럽에 진출하지 못하도록 막아내는 것이었다. 하지만 펠리페 2세에게 적은 외부에만 있지 않았다. 유럽 내부 개신교 국가들까지 그의 적이 됐다. 특히 가톨릭에서 떨어져 나가 왕이 독자적인 국교회의 수장이 된 영국과, 위그노 편에 서는 왕이 등극할 수 있는 프랑스는 항상 경계의 대상이었다.

종교재판소가 벌인 '피의 법정'

카토-캉브레지 조약으로 저지대에 종교재판소가 설치되었다. 하지만 초반에는 총독 마르게리타[27]가 유화정책을 취해서 위협은 있었지만 실제적인 탄압이 두드러지진 않았다. 마르게리타는 빌렘과 같은 저지대 영주들이 스페인에 세금을 내는 한에서 자율권을 보장하여 그들과 공존하려 했다. 그러나 저지대에 개신교로 개종하는 사람들이 많아지면서 공존 여지는 점차 좁아져 갔다. 특히 프랑스 위그노 영향을 받은 캘빈파가 득세하면서 양측 간 갈등이 심해졌다.

루터 파 등 다른 종파보다 프랑스 위그노들은 신자들을 조직하는 능력이 뛰어났다. 제네바에서 행한 캘빈의 통치 경험과 프랑스에서 탄압받는 와중에 발달한 조직력이라는 장기는 캘빈 파가 저지대에서 세력을 확장하는 데 기여했다.[28] 캘빈 파는 스페인에 협력하여 권세를 누리는 대영주에게 소외감을 느끼던 하급 지방귀족을 비롯해 상공업에 종사하는 상인과 전문 기술자 집단까지 다양한 계층을 설득할 수 있었다. 프랑스와 가까운 플랜더스 지역 도시들에 캘빈 파가 두드러졌다. 캘빈 파 설교자들은 스페인 당국 감시를 피해 도시 교외에서 설교회를 열었는데 이곳에는 수천 명이 참관했다.[29] 각 주마다 열리는 설교회는 스페인이 부과하는 과도한 세금에 대한 저지대 주민들의 불만과, 종교재판소를 통해 가해지는 공포에 대항하는 분노를 조직하고 분출하는 기회가 됐다. 결국 1566년 플랜더스 지역을 중심으로 캘빈 파 목사들에 선동된 군중들이 가톨릭교회를 습격해서 교회에 보존된 성상들 파괴하는 소요가 일어났다.[30] 이 소요는 1567년까지 1년에 걸쳐 저지대 곳곳을 휩쓸고 지나갔다.

자칭 가톨릭교회 수호자인 펠리페 2세는 저지대 귀족들 요구를 들어주고 공존하려 했던 마르게리타 통치가 이런 불상사를 불러왔다고 판단했다. 그래서 마르게리타를 해임하고 전장에 있던 알바 장군[31]을 총독으로 파견했다. 첫 번째 전투지였던 안트베르펜에서 알바는 가톨릭에 반대해 봉기한 4만 명 개신교도 시민 중 7,000명 이상을 살육했다.[32] 이렇게 저지대에 입성한 알바는 마르게리타에게 협조하던 저지대 대영주 빌렘과 에그몬트, 그리고 호른에게 스페인에 충성을 서약할 것을 요구했다. 빌렘은 이미 스페인에 대한 믿음이 없었으므로 서약을 거부한 뒤 독일에 있는 형제들에게로 피신했다. 알바는 다른 두 사람을 성상 파괴 행위를 방조했다는 혐의로 처형해 버렸다.[33] 알바가 저지대 총독으로 재임한 6년 (1567-1573)동안 종교재판소를 통해 1만 명[34] 넘는 개신교 신자들이 처형됐다. 네덜란드인들은 이 기간을 '피의 법정'이라 부르며 오랜 기간 스페인에 대한 적개심을 되새기는 연료로 활용했다.

2.

독립전쟁의 선봉장, 빌렘

빌렘 용병대, 마스 강을 넘다

알바 총독이 벌이는 '피의 법정'을 피해 빌렘이 고향인 독일로 망명한 뒤 저지대에 있던 그의 재산은 모두 몰수되고 장남은 스페인으로 끌려가 죽임을 당했다. 빌렘은 이에 굴하지 않고 저지대 민중들의 저항을 독려하는 한편 저지대로 진격할 군대를 조직했다. 1568년 빌렘은 남은 재산을 털어 조직한 용병대를 이끌고 마스 강을 넘었다. 이때 빌렘의 형제들도 북쪽에서 군대를 이끌고 협공했다. 네덜란드의 80년 독립전쟁은 이렇게 시작됐다.

　빌렘이 용병부대를 이끌고 저지대로 진격하는 장면은 당

시 네덜란드에서 카이사르가 루비콘 강을 건너는 것과 비교되며 역사적인 장면으로 회자됐다.[35] 하지만 카이사르와 달리 저지대로 진격한 빌렘의 용병부대는 알바가 지휘하는 노련한 스페인군에 의해 단번에 괴멸됐다. 이후 네덜란드 독립운동은 빌렘이 지휘하는 단일 독립군 형태가 아니라, 저지대에 산재한 각 도시들이 스스로 자신들의 노선을 결정해서 대스페인전에 참여하는 형태가 됐다. 스페인과 독립군은 서로 중요 도시들을 영향권에 두기 위해 경쟁했는데, 그 과정에서 가톨릭세가 강한 주는 스페인을 지지하고, 개신교세가 강한 주는 독립군에 참여하는 등 저지대가 분열됐다. 군대를 잃은 빌렘은 이후 여러 전장을 전전하며 저지대 주민들에게 스페인 압제를 벗어나 새로운 세상에 함께 할 것을 선동하는 데 힘썼다.[36]

독립전쟁이 발발한 이후 스페인군이 취한 전략은 독립군에 동조하는 도시들을 봉쇄하는 것이었다. 도시 봉쇄 전략은 이전부터 외국 군대가 네덜란드에 침입했을 때 자주 활용됐다. 네덜란드 도시들은 강을 끼고 있어서 도시민들이 농성에 들어갔을 때 육군이 점령하기 어려운 구조였다. 하지만 도시는 이동성이 생명이기 때문에 봉쇄 전략은 군이 병력을 소모하며 도시를 함락시키지 않아도 제풀에 문을 열고 항복을 받아내기 쉬웠다.[37] 이런 스페인의 도시 봉쇄 전략에도 불구하고 저지대 중북부 여러 도시들이 빌렘 편에 가담하여 독립군 점령지가 차츰 늘어났다.

1572년 반군은 저지대에 주요한 거점을 확보하게 되어 이후부터 전세는 독립군과 스페인군이 일진일퇴를 하는 대등한 형국이 됐다. 그해 빌렘은 영지인 홀란드 주 총독으로 임명됐다. 아직 스페인군과 전투를 벌이는 전시였으므로 홀란드 주가 독자적으로 빌렘을 총독으로 임명했다는 것은 이미 홀란드 주는 스페인의 영향에서 벗어났다는 뜻이다. 그 기간 빌렘은 경제적으로 파산 지경이었지만 저지대 귀족들의 후원으로 계속 용병을 조직하여 대항할 수 있었다.

빌렘의 개종 '신과 조국과 세계를 위해!'

그때까지 가톨릭 신앙을 유지하고 있던 빌렘은 1578년 캘빈파로 개종했다.[38] 그러나 가톨릭이 그의 첫 신앙은 아니었다. 그는 독일 지방 작은 영주였던 아버지의 신앙에 따라 루터교를 모태신앙으로 가지고 있었다.[39] 그가 이렇게 복잡한 신앙 역정을 거치게 된 것은 독특한 성장 과정에서 비롯됐다. 그가 저지대 대영주가 될 수 있었던 것은 재산과 작위가 있는 큰아버지의 상속자가 된 덕이었다. 어린 나이에 서유럽에서 가장 부유한 영주가 된 빌렘이 물려받은 영지 중에는 이후 가문의 근간이 되는 남프랑스 땅 오라녜[40]와 저지대 홀란드도 포함됐다. 이런 빌렘은 신성로마제국 황제였던 카를 5세의 총애를 받았다. 빌렘은 카를 5세 궁전이 있는 브뤼셀로 옮겨와 왕의 보호 아래 청소년기를 보내며 자연스럽게 가톨릭교도가 됐다.[41] 빌렘에 대한 카를 5세의 애정이 얼마나 깊었는지는 1555년 양위식에서 잘 걷지 못하는 카를 5세를 부축하고 입장한 이가 바로 빌렘이었다는 데서 짐작할 수 있다.[42]

빌렘이 또 한번 개종하게 된 것은 독립군 주축이 캘빈 파이기도 했지만, 저지대 주민들에게 급속도로 전파된 캘빈 교리가 그들을 하나로 묶는 이념으로 적당해 보여 전략적으로 판단했을 수도 있다.[43] 빌렘은 독립운동자금을 마련하기 위해 저지대 주민들을 상대로 모금을 할 때 "신과 조국과 세계를 위해" 부자는 자신의 부로, 빈자도 자신의 빈한함으로 모금에 참여하라고 독려했다. 그가 개종하지 않았다면 그가 사용하는 '신'과 저지대 민중들의 '신'은 다른 신이 됐을 것이다. 또한 그는 자신의 모토를 "법·왕·연방을 위해"로 정하고, 곳곳에 이를 새기고 사용하도록 했다.[44] 그의 개종으로 비로소 법과 왕은 캘빈 파가 지향하는 법과 그리스도 왕을 뜻하는 것으로 해석됐다.

이때 그가 사용한 조국이나 연방(commonwealth)은 이후 저지대 사람들이 네덜란드라는 나라의 국민으로 정체성을 가지도록 이끄는 깃발과 같은 구실을 했다. 빌렘의 지도 아래 투쟁 기간을 거치며 저지대 17개 주 귀족과 시민들은 하나의 국가 네덜란드인이라는 연대감을 성장시켰다.

전쟁의 흐름을 바꾼 안트베르펜 약탈

독립전쟁이 진행되는 동안 이에 대처하는 스페인 측도 어렵기는 마찬가지였다. 타국에서 오랜 전쟁으로 군기가 해이해진 데 더해, 펠리페 2세가 파산을 선언할 정도로 재정난에 빠져 있었기 때문에 저지대 주둔군에게 급료를 줄 수 없었다. 1576년 2년 이상 급료를 받지 못해 분노한 스페인군은 역사에 '대학살'로 기록될 만큼 잔인하게 안트베르펜을 약탈했다.

이 사건은 한 도시의 비극에서 그치지 않고 독립전쟁 전체 흐름이 바뀌는 계기가 됐다. 이 학살극을 전해 들은 저지대인들은 스페인의 만행에 독립 의지를 더욱 다지게 됐으니, 독립군 쪽에는 호재였다.

한편, 저지대 도시들 간 세력 균형 측면에서는 남쪽 플랜더스 지역에 위치한 안트베르펜이 100여 년 간 이어온 최대 무역도시로서 명성을 북쪽 홀란드 지역에서 발흥한 암스테르담에게 넘겨주게 되는 큰 변화를 가져왔다. 재난을 피해 안트베르펜에 거주하던 많은 상인과 기술자들이 암스테르담으로 이주한 덕이었다.

3.

독립군이 된 '거지들'

'거지들', 스페인에 저항하는 젊은 개신교도

빌렘이 이끌던 네덜란드 독립군은 일명 '거지들'로 불렸다. 해군에게는 '바다의 거지들'이란 칭호가 따랐다. 이 거지들이란 말은 처음에는 저지대 각 주를 대표하는 하급 지방 귀족들을 지칭한 별명이었지만, 네덜란드 독립을 상징하는 용어로 역사적 의미를 지니게 됐다. 저지대 하급 지방 귀족들이 '거지들'이라는 평범하지 않은 이름으로 불린 계기는 1566년 4월 마르게리타가 총독으로 저지대를 통치하던 때에 있었던 사건에서 비롯되었다.

저지대에서 하급 지방 귀족은 작위는 있지만 영지를 가지고 있지는 않아서 실제로는 대부분 상업에 종사하는 사람들이었다. 캘빈 파는 상행위를 해서 얻은 부를 부정하지 않았으므로, 귀족임에도 땅이 없어서 상업에 뛰어든 하급 귀족들에게 큰 호응을 얻었고, 개종자도 많아졌다.

당시 저지대에는 이미 종교재판소가 개신교 신자들을 심판하고 있었다. 종교재판소가 자리를 잡을수록 개종한 하급 지방 귀족들에게는 위협이 가해지는 형국이었다. 당시만 해도 빌렘과 같은 고위 귀족들은 아직 가톨릭 신앙을 유지하고 있었기 때문에 이들은 스스로 문제를 해결하기로 했다. 힘이 약한 자가 강한 자에게 대항하는 방법은 그 작은 힘을 합치는 것이다. 이들의 전략도 우선 각 주 대표들이 모여서 결사체를 만드는 것이었다. 그리고 그 결사체 이름으로 총독 마르게리타를 알현하여 종교재판소의 탄압을 중지해 줄 것을 청원하고자 했다.

총독을 알현하는 자리에는 고위 귀족들이 함께 배석하게 마련이므로 청원자들은 그런 자리에서 기 죽지 않고 자신들의 세를 과시하기 위해 만반의 준비를 했다. 우선 숫자가 중요했다. 청원서에 참여한 사람은 400명을 넘었고 직접 알현할 사람도 200명이 넘게 모았다. 다음에는 부를 과시해야 했다. 총독 알현 장소에 나온 200여 지방 귀족들은 자신들의 기준으로는 최대한 잘 차려입었다. 그리고 끝까지 절도 있는 모습을 보이고 싶어서 옛 기사들처럼 줄을 맞춰 행진하여 총독 앞으로 나아갔다.[45] 이 청원자들은 자신들이 부유한 납세자들이라는 것을 과시하는 동시에 잘 조직된 전통을 가지고 있음을 보여주고 싶었을 것이다. 이런 유세가 통했는지, 마르게리타는 그들의 청원을 받아들였다. 하지만 총독 옆에 있던 스페인 고위 귀족들 눈에는 그런 지방 귀족들의 모습이 유치하거나 촌스러웠을 뿐이다. 그때 청원자 중 한 사람이 주위에 있던 고위 귀족들이 자신들을 '거지 떼'라고 수군거리는 걸 들었다.

총독으로부터 원하는 약속을 받아낸 뒤 이를 축하하는 자리에서 그들은 이 말을 안주 삼았다. 그때 누군가 "그들이 우리를 거지라고 불렀는데, 우리는 기꺼이 거지가 되자"고 선동했고, 모두 이에 유쾌하게 동의했다.[46] 그들은 진정한 거지가 되기 위해 거지 패션도 고안했다.[47] 새로운 트렌드에 민감한 도시 젊은 귀족들을 중심으로 거지 패션이 유행했다. 젊은 신사들은 금빛 레이스와 벨벳 옷감을 버리고 회색 옷을 소박하게 입는 것을 오히려 자랑스러워하게 됐다. 나아가 그냥 거지가 아니라 궁전의 고상한 귀족에 대응해서 '야생 거지', '숲속 거지', '바다 거지'와 같이 응용하는 기지를 발휘했다.[48] 이렇게 '거지'라는 말은 저지대에서 스페인에 저항하는 젊은 개신교도를 이르는 말이 됐다.

'바다 거지들'의 활약과 최초의 대학 설립

'거지들'이 스페인에 대한 저항정신을 나타냈다면, '바다 거지들'은 더 적극적으로 독립군 역할을 수행했다. 빌렘이 이끌던 육군이 주로 용병들이었던 반면 해군 전력이 된 '바다 거지들'은 저지대인들이 주축이었다. 처음 독일에서 조직해 저지대로 진격한 용병대가 스페인군에 괴멸된 뒤 빌렘은 '바다 거지들'을 앞세워 스페인 항전을 이끌었다. '바다 거지들'이 위력적이었던 이유는 당시 저지대인들이 유럽 최고 선원들이었기 때문이다.

하지만 실제로 '바다 거지들'은 정규군이라기보다는 해적에 가까웠다. 이들은 스페인 상선을 공격하거나 스페인군 물자를 실은 운반선을 공격함으로써 스페인에 피해를 줬다. 스페인 선박을 공격할 때 '바다 거지들'과 사략 허가장을 가진 잉글랜드 선박이 합동작전을 펴는 일도 많았다. 당시 잉글랜드 군주였던 엘리자베스 1세는 이복 언니 메리 1세의 남편이었던 펠리페 2세에게 깊은 반감을 가지고 있었다. 잉글랜드 종교개혁을 통해 탄생한 엘리자베스 1세에게[49] 가톨릭 신앙으로 무장한 펠리페 2세가 세력 확장을 하는 것은 바로 자신의 왕위에 대한 위협이었다. 게다가 아메리카와 아시아로 가는 항로에서 나오는 막대한 부를 독점하고 유럽 패권자로 군림하고 있는 스페인의 존재는 잉글랜드 경제가 성장하는 데 큰 장애였으므로 네덜란드 독립군과 잉글랜드는 같은 가치를 공유할 수 있었다.

'바다 거지들'이 올린 전과 중 가장 유명한 것은 1573년에서 1574년까지 이어진 스페인군의 레이덴 봉쇄를 뚫었던 일화다. 빌렘은 레이덴을 봉쇄한 스페인 육군에 맞설 병력이 없는 대신 '바다 거지들'을 동원할 수는 있었다. 그런데 레이덴은 항구 도시가 아니어서 배로는 접근하기 어려웠다. 바다와 레이덴 사이에 스페인 육군이 지키고 있는 형국이었다. 해를 넘기는 봉쇄로 시내에서 식량이라고 할 만한 것이 완전히 없어진 후에도 시민들은 두 달을 더 버티는 중이었다. 그동안 시민들은 개와 고양이를 비롯해 잡아먹을 수 있는 것은 다먹었고 나무 이파리 하나도 남기지 않았다. 비둘기로 성안 시민들과 소통했던 빌렘은 마지막 작전으로 도시를 에워싼 제방을 무너뜨리라고 명령했다.

빌렘의 작전 지시에 따라 시민들은 제방을 무너뜨려 시내를 물바다로 만들었고, 이 물길을 따라 '바다 거지들' 배가 레이덴에 입성했다. 이런 수공작전은 네덜란드 역사에 여러 번 등장하는 전술이지만, 도시가 물에 잠긴다는 큰 단점이 있었다. 하지만 당시 상황은 비록 도시 기반 시설을 버리더라도 수공을 감행해야 하는 절박한 상황이었다.[50] 시내로 진입한 배에서 던져 준 빵을 게걸스럽게 먹던 시민들 중엔 목이 막혀 죽은 사람도 있었다.[51] 마지막 순간에 빵과 치즈를 배에 싣고 '바다 거지들'이 무너진 둑을 넘어 레이덴으로 입성하는 장면은 모진 고난 속에서도 끝내 쟁취한 네덜란드의 독립을 상징했다.

빌렘은 레이덴 시민들의 용기와 충성심을 높이 사서 원하는 것을 상으로 주겠다고 선언했다. 시민들은 빌렘이 짐작했던 세금 감면이 아니라 대학을 세워달라고 요구했다. 빌렘은 이듬해인 1575년 레이덴에 네덜란드 최초의 대학을 설립해 줬다.[52] 이렇게 설립된 레이덴 대학은 17세기 네덜란드 지성의 요람으로, 특히 인본주의 정신을 계승한 학자들을 지속 배출하면서 개혁교회와는 결이 다른 자유주의와 관용 사상을 발전시켰다.

4.

공화제를 선택한 네덜란드

친 스페인 연합 vs 반 스페인 연합

1577년 스페인은 저지대에서 군대를 철수하고 유화정책으로 전환했다. 그 덕에 빌렘은 10년 만에 영지인 브뤼셀에 돌아왔다.[53] 이것은 영웅의 귀환으로 칭송되었지만, 빌렘이 영웅이 되는 것을 모두가 반긴 것은 아니었다. 저지대 17개 주는 본래 독립성이 강해서 홀란드 영주인 빌렘이 저지대 전체를 대표하는 영웅이 되는 것이 모두에게 환영할 일은 아니었다. 스페인군의 공격이 극에 달한 급박한 순간에는 잠시 함께할 수 있었지만, 상황이 호전되자 결합의 고리는 느슨해졌다. 각 주들 내부에서도, 지배 계급인 귀족들 간에 개신교도로 개종한 부류와 가톨릭 교도로 남아 있는 부류 간 갈등이 지속됐다. 종교 간 갈등은 스페인에 대한 정치적 입장에도 영향을 미쳐 유화파와 대립파로 나뉘었다.[54]

비록 독립을 지지하는 도시들이 군데군데 나타나고, 내부적으로 갈등이 있기는 했지만, 그때까지 저지대에 위치한 17개 주는 각기 독립적으로 스페인 총독의 통치를 받는 형태를 유지하고 있었다. 그런데 1579년 저지대 총독이었던 파르네세[55]가 스페인에 충성하는 남부 10개 주는 묶어 아트레흐트 연합(Unie van Atrecht)을 결성했다. 이에 아트레흐트 연합 결성에서 배제된 독립파 주들은 위기감을 느끼고 대항체인 유트레히트 연합(Unie van Utrecht)을 결성함으로써 저지대는 분열의 길에 들어서게 됐다. 유트레히트 연합 중심에는 빌렘이 있었지만, 연합 구성이 공고한 것은 아니었다. 비록 반 스페인 기치에 동조해서 유트레히트 연합에 가입하기는 했지만, 연합에 참여한 주들을 이끄는 귀족들은 독립적으로 살길 바랐다. 그들은 빌렘이 주장하는 네덜란드라는 국가로 뭉치자는 말을 자신들의 독립성을 해치는 것으로 인식했다.

연합에 소극적인 귀족들을 끌어들이기 위해 빌렘은 많은 것을 양보했다. 유트레히트 연합 결의문에 각 주들의 주권을 인정하는 전제 하에 국방과 조세, 그리고 대외정책에 있어서

만 각 주가 동수로 참여하는 연합의회에 주권을 양도하도록
했다. 빌렘 영지인 홀란드와 젤란트가 나머지 다섯 개 주를
합친 것보다 인구와 경제력이 앞섰음에도 빌렘은 다른 주와
똑같이 권력을 나눴다. 그럼에도 실제 의회 운영에 있어서 귀
족들은 자신들이 소외되거나 독립성이 침해된다는 이유로 빌
렘을 견제했다.

유트레히트 연합에 가입한 지역은 개신교가 주류였지만
아직 가톨릭을 고수하는 지역도 있었다. 이들에게는 종교보
다는 반 스페인 정서가 앞섰기 때문에 연합에 참여했다. 하
지만 이런 이질성은 연합 내부에서 격렬한 갈등을 유발했고,
서로 생각이 다른 주들이 가입과 탈퇴를 교차했다. 이런 이
합집산 와중에도 빌렘은 북부 네덜란드가 가톨릭 세력을 완
전히 배제한 채 개신교도 나라로 독립하는 것을 반대했다.
그는 종교적인 문제로 저지대가 분단될 경우 다시 융합되기
어려울 것이고, 분단된 각각의 단위는 유럽 열강 속에 낀 상
태에서 독립국으로 생존도 장담하기 어려운 상황이 될 것을
염려했다.

막지 못한 저지대의 분단

빌렘은 서신이나 민중에게 보낸 각종 격문에서 종교가 다양

할 수 있음을 설파했다. 그는 "성경 안에서 다양한 믿음"을 찾을 수 있으며, "천국까지 가는 길은 너 자신이 만든 길"이자 "네가 생각하는 너만의 길"이 있다는 등 여러 종교를 모두 품을 수 있는 발언을 자주했다.[56] 이런 관용 정신은 빌렘을 중심으로 결성된 유트레히트 연합 결의문에도 포함됐다.[57] 결의문이 작성될 때는 반 스페인 기치로 뭉치는 것이 더 중요했으므로 캘빈 파도 종교적 선명성을 주장하기 어려웠다. 하지만 유트레히트 연합이 구성된 1579년 부터 네덜란드 연방이 건국되는 1581년까지 2년여 시간은 빌렘이 가진 종교적 관용 정신이 캘빈 파에 의해 격렬하게 지워지는 기간이었다.[58] 그 과정에서 가톨릭 신앙을 지니고 있지만 독립에 참여하고 싶었던 주와 도시들은 하나둘 배제됐다. 마침내 네덜란드 연방에 참여하는 지역이 확정됐을 때는 캘빈 파가 연방의 헤게모니를 완전히 장악한 형국이었다.

1581년 빌렘이 반대함에도 불구하고 개신교를 천명한 북부 7개 주만 참여하는 네덜란드 연합왕국이 독립을 선언했다. 이 과정에서 가장 중요한 변수는 처음 유트레히트 연합이 구성되었을 때 가입했던 플랜더스 주였다. 저지대에서 가장 부유했던 플랜더스는 안트베르펜 학살 등으로 인해 반 스페인 정서가 강했다. 하지만 가톨릭이 우세했던 주내 정치 사정으로 복잡한 갈등 끝에 네덜란드 연방왕국에 참여하지 않았다. 이로써 연방에 참여한 주 중에는 홀란드가 가장 부유하고 큰 지역이 됐고, 이후 네덜란드 연방 운영 주도권을 쥐게 됐다.

플랜더스를 비롯한 남부 10개 주를 지배하고 있던 귀족들은 같은 가톨릭인 스페인 지배를 받는 것을 택했다. 하지만 이 선택에는 신앙 문제 외에도 네덜란드로 독립했을 경우 중앙 정부 관여가 더 커질 것을 염려한 측면도 있었다. 개신교를 중심으로 한 반란에 대처하면서 스페인은 가톨릭을 믿는 주민들에 대해 자치권을 약속하는 등 유화적인 정책을 폈다. 스페인 지배를 받으면 스페인 왕을 모시고 스페인에 세금을 내야 했지만, 멀리 있는 스페인 정부가 할 수 있는 간섭은 바로 코앞에 있는 연방 정부보다 훨씬 덜할 수 있었다. 실제로 스페인에 내는 세금이 독립국을 유지하기 위해 내야 하는 세금보다 비싸지도 않았다.

한편, 네덜란드가 되는 북부 7개 주 입장에서는 독립에 참여하지 않은 남부 주들의 행태가 통렬한 배신으로 느껴졌다. 결과적으로 네덜란드가 독자적인 나라로 살아남았지만, 전쟁을 지속하고 있던 당시에는 세계 최강국 스페인에 반기를 들었다는 것은 죽음에 더 가까운 길이었기 때문이다. 남부 주

들에 대한 반감은 네덜란드 내에서 개혁 교회에 대한 결속을
강화하고 타종교, 특히 가톨릭 교도를 탄압하는 것으로 표현
됐다.

이 분리를 계기로 양측 지역에 거주하던 개신교 신자와
가톨릭 신자들은 각자의 신앙이 받아들여지는 지역으로 이
주하는 대이동이 일어났다. 네덜란드를 떠나 스페인령인 남
부 저지대로 이주한 가톨릭 교도들은 주로 경제력이 있는 귀
족 계급들이었다. 비록 국가 정체성이 약해서 주목받지는 못
했어도 남부 저지대도 17세기 내내 경제적인 호황을 누려 네
덜란드 황금시대에 대칭하여 '은의 시대'를 누렸다.[59]

종교적 단죄를 피하지 못한 영웅의 죽음

네덜란드 연합 왕국 건국을 선언한 독립 주체 세력은 빌렘을
왕으로 추대했다. 상황을 되돌릴 수 없음을 깨달은 빌렘은
독립 왕국 건국에는 찬성하되, 왕위는 고사했다. 일부 주에
근거를 가진 자신이 왕이 되는 것보다는 좀 더 힘이 있는 제3
자가 왕이 되는 것이 모든 주를 끌어안기에 적합하다고 판단
했기 때문이다. 그래서 네덜란드 연합 왕국 왕위는 프랑스 앙
리 2세의 아들 앙주공 프랑수아가 차지하게 됐다. 그는 당시
프랑스 왕이었던 앙리 3세의 동생이었고 잉글랜드 엘리자베

스 1세의 총애를 받고 있었으므로 스페인을 견제할 수 있는 최상의 카드로 여겨졌다. 하지만 그는 기대와 달리 네덜란드 독립을 위해 싸우기보다 자신의 즉위를 못마땅하게 여기는 캘빈 파를 상대로 싸우는 데 열을 올렸다. 앙주공이 보인 행태는 그를 옹립한 빌렘의 입장을 어렵게 만드는 것이었다. 결국 앙주공은 1584년 애정이 없었던 네덜란드를 떠나 모후가 있는 파리로 돌아가 버렸고, 두 달 뒤 병사하고 말았다.

앙주공에게는 후사가 없었으므로 네덜란드 건국 주체들은 다시 왕을 물색했다. 이때 잉글랜드 엘리자베스 1세가 자신의 연인으로 소문난 레이세스터를 추천했다. 이것은 형식적으로는 추천이었지만 네덜란드 입장에서는 받아들일 수밖에 없는 임명에 가까웠다. 이렇게 복잡한 정국에서 1584년 당시 60세였던 빌렘은 델프트에서 펠리페 2세의 사주를 받은 가톨릭 광신도 프랑스 청년 총에 맞았다. 스스로 사양하긴했지만, 왕이 되지 못했고, 왕위까지 던지며 바랐던 네덜란드의 단합과 발전은 외국인 왕의 실정으로 어려워만 보이는 가운데 독립 영웅 '침묵공' 빌렘은 이렇게 생을 마쳤다.

1584년 7월 10일 사망한 빌렘의 장례식은 서거 3주 후인 8월 3일 델프트에 있는 개혁교회에서 치러졌다. 관을 운구한 것은 델프트 민병대였다. 3주라는 길지 않은 장례 기간에 문상을 온 귀족은 많지 않았다.[60] 장례식을 거행한 개혁교회 목사는 빌렘을 죄인으로 단죄했다. 개혁교회는 빌렘의 개종 이후에도 지속적으로 그의 신앙을 의심했다. 신앙에 있어서 극단적으로 결백하기를 요구하는 캘빈 교리를 신봉하는 무리들에게 여러 번 개종을 한 것은 물론이고, 다른 종교에 관용할 것을 설파했던 빌렘의 행위는 용납되기 어려운 죄악이었기 때문이다.[61]

연방제 국가 네덜란드 공화국의 탄생

독립파 입장에서 빌렘의 죽음은 자신들이 설계한 완전한 개신교 국가 네덜란드를 만드는 데 반대할 장애가 사라진 것을 의미했다. 하지만 새로 네덜란드 왕이 된 레이세스터는 엘리자베스 1세의 신하로서 잉글랜드의 이익을 대변할 뿐이었다. 그는 네덜란드 입장을 대변하는 홀란드 행정장관 올던바르너펠트[62]와 대립했다. 레이세스터는 네덜란드 내 복잡한 종파 간 갈등을 이용해 강경 캘빈 파를 선동해 올던바르너펠트와 홀란드를 추종하는 세력을 견제했다.

잉글랜드 하수인이었던 레이세스터가 집권하는 동안 네덜란드 독립 리더들은 과연 왕이 필요한가, 차라리 공화국 체제로 가는 것이 낫겠다는 자각을 하게 됐다.[63] 네덜란드를 구성한 일곱 개 주들에서 세력 판도가 올던바르너펠트 쪽으로 기울자 레이세스터는 1887년 겨울 잉글랜드로 돌아가 버렸다. 1588년, 마침내 캘빈 파가 주도하는 개신교 세력은 더 이상 왕을 찾지 않고 의회를 통해 각 주가 권한을 행사할 수 있는 독특한 형태인 네덜란드 연합공화국 탄생을 선언했다.

자신이 보낸 레이세스터를 쫓아낸 네덜란드에 대해 엘리자베스 1세는 불쾌한 감정을 숨기지 않았지만, 네덜란드를 적으로 돌릴 수는 없었다. 그해 초부터 펠리페 2세가 네덜란드 독립을 지원한 잉글랜드를 응징하기 위해 대규모 군사작전을 준비하고 있다는 것을 알고 있었기 때문이다. 펠리페 2세가 잉글랜드를 정벌하는 또 다른 이유는 엘리자베스 1세가 허락한 사략선들이 스페인 배들을 공격해서 입는 피해가 묵과할 수 있는 수준을 넘었기 때문이다.

펠리페 2세에게는 1571년 레판토 해전에서 오스만 투르크를 격파하고 '무적함대(Armade Invencible)'라 불리던 막강 해군이 있었다. 그는 지중해 지역에 주둔하고 있던 무적함대를 북해로 불러들였다. 장거리 이동에 필요한 중간 보급과 병력 보충은 함대가 플랜더스 지역을 지날 때 저지대에 주둔하고 있던 육군이 담당하기로 했다. 하지만 무적함대를 지원하기 위해 출발한 육군은 네덜란드군에 막혀 약속 시간에 도착하지 못했다. 결국 보급을 받지 못하고 잉글랜드로 향하던 무적함대는 이미 쇠잔해진 전력에 큰 폭풍을 만나 만신창이가 되어버렸다. 드레이크가 이끄는 잉글랜드 함대는 이런 무적함대를 만나 손쉽게 대승을 거둘 수 있었다.

칼레해전으로 불리는 이 전투의 실제가 어쨌든, 무적함대가 괴멸 수준으로 피해를 입었다는 점에는 변함이 없었다. 이 패전 충격으로 욱일승천하던 펠리페 2세의 기세는 크게 꺾이게 됐다. 이렇게 전개되는 주변 상황은 신생국 네덜란드가 국가의 기틀을 잡고 정착하는 데 유리하게 작용했다. 재정 압박을 받게 된 펠리페 2세는 저지대에 주둔하고 있던 스페인군 일부 병력을 본국으로 철수시킬 수밖에 없었다.

그동안 연방공화국 네덜란드는 역사상 존재하지 않았던 새로운 방식의 통치기구를 창안해서 운영했다. 왕이 없는 7개 주가 연합한 공화국 최고 의사결정 기관은 각 주 대표들로 구성된 연방의회(Staten-Generaal)였다. 각자 행정체계를 가지고 운영되는 주권을 가진 주들은, 헤이그에 설치된 연방의회에 대표를 파견해서 네덜란드 전체에 해당하는 국방과 외교 사안들을 논의하고 조정했다. 그 밖의 내정은 각 주들이 각자 방식으로 주민들에게 세금을 부과했고 각자 형편에 따라 연방분담금을 냈다.

이런 연방 운영방식은 홀란드 주도로 만들어졌다. 홀란드는 황금시대로 접어들면서 암스테르담을 주축으로 급격히 부유해졌기 때문에 네덜란드를 운영하는 중심 역할을 할 수 있었다. 독립선언 당시인 16세기 말 연방분담금 중 65% 정도를 홀란드가, 15% 정도를 젤란드가 부담했다. 이 연방분담금 대부분은 국방비였다. 7개 주들이 네덜란드라는 이름 아래 공동으로 모이는 것은 국방과 외교뿐이었기 때문이다.[64]

네덜란드 공화국에는 전체를 대표하는 국가 원수가 존재하지 않는 대신, 주의회가 자발적으로 뽑은 주지사 성격의 주 총독(Stadhouder)이 있었다. 산술적으로 주 총독은 7명이었지만, 빌렘 후손들이 홀란드를 비롯한 여러 주 총독 자리를 겸직하는 일이 많았다. 또한 빌렘 영지인 홀란드가 여러 면에서 다른 주들을 압도했기 때문에 실제로는 홀란드 총독과 행정장관이 네덜란드 전체 정책을 좌우했다.[65] 그럼에도 불구하고 각 주 총독이 따로 임명되었던 이유는 주마다 독립성을 보장하기 위해서였다.

5.

빌렘의 상속자들

계승된 독립전쟁, 군인과 상인의 대립

빌렘이 보유했던 홀란드와 젤란드 총독 자리를 이어받은 것은 당시 만 17세였던 아들 마우리츠[66]였다. 빌렘의 후반생이 네덜란드 독립전쟁에 바쳐졌다는 것은 어린 마우리츠가 아버지로부터 보살핌을 받을 수 없었다는 것을 의미한다. 게다가 빌렘이 죽었을 때 주위 귀족들과 개혁교회는 그에게 호의적이지 않았다. 아버지를 이어 총독이 된 마우리츠의 입지가 위태로운 것은 당연했다.

어린 마우리츠는 총독 직위를 물려받으며 아버지가 수행하던 네덜란드 독립전쟁과 통일전쟁도 이어받았다. 다행히 마우리츠는 뛰어난 군인이었다. 그는 군제를 개편하고 네덜란드 지형에 맞는 요새 방어 전략을 고안해 스페인이 점유하고 있던 동부 저지대를 수복했다. 당시 마우리츠 군대는 네덜란드군이라고 부르기에 부끄러울 정도로 다국적군이었지만, 마우리츠는 이들을 일관성 있는 표준화된 군제로 묶어 일사불란하게 지휘하는 능력을 발휘했다.[67] 마침내 마우리츠가 거둔 성과에 대한 보답으로 프리스란드를 제외한 네덜란드 다른 주들도 그에게 총독 관을 씌워주었다.

그런 와중인 1598년엔 펠리페 2세가, 1603년엔 엘리자베스 1세가 죽음으로써 네덜란드를 둘러싼 나라들 내정에 큰 변화가 왔다. 네덜란드는 경제적으로 약진하고 있었지만, 독립전쟁은 쉽게 끝을 보지 못하고 지지부진한 상태를 지속하고 있었다. 상인들은 경제 활동에 제약을 주는 전쟁이 하루 빨리 종식되길 원했다. 1609년 암스테르담을 중심으로 부가 급격히 늘어나고 있던 홀란드가 주도하여 스페인과 휴전협정이 채결됐다. 1621년까지 12년 간 지속됐던 휴전은 네덜란드 경제에 큰 축복이었다. 네덜란드가 본격적인 황금시대를 누리게 된 것도 이때부터였다.

그러나 마우리츠는 저지대를 스페인과 분할한 상태에서 휴전을 하는 것은 아버지의 유지를 아직 완수하지 못한 것이라 생각해서 전쟁을 재개하려 노력했다. 1621년 그의 바람대로 스페인과 전쟁이 재개됐을 때는 스페인령으로 남아 있는 남부 저지대를 수복하는 통일전쟁 성격이 짙었다. 그러나 마우리츠는 전쟁을 종결하지 못한 채 1625년에 눈을 감았다.

미완의 과업과 해양 패권의 장악

마우리츠의 뒤를 이어 총독직을 물려받은 사람은 동생인 프레데릭[68]이었다. 당시 유럽 중부에서는 가톨릭 세력과 개신교 세력이 맞붙은 30년 전쟁이 진행되고 있었기 때문에 네덜란드도 그 영향에서 자유롭지 않았다. 처음엔 아우크스부르크 화의 이후에도 갈등 관계를 유지했던 신성로마제국 내 가톨릭 제후들과 개신교 제후들 간 소규모 전쟁이었지만, 주변국들이 가담하며 국제전으로 비화했다.

가톨릭 종주국을 자부하는 스페인은 가톨릭 제후들이 수세에 몰리자 이를 지원했고, 반대로 네덜란드는 개신교 제후들을 지원하면서 이 전쟁에 끼어들었다. 이 전쟁의 실제 당사자들은 신성로마제국에 속한 제후들이었기 때문에 전장은 독일지역에 한정됐고, 네덜란드와 스페인 간 분쟁은 소강사태를 유지했다. 전쟁은 가톨릭 국가임에도 스페인을 견제하기 위해 개신교 측에 참전한 프랑스로 인해 전력 균형이 무너지며 개신교 측 승리로 끝났다.

1648년 베스트팔렌 조약을 통해 패전국 스페인의 국경이 확정되면서 네덜란드 지역은 스페인 영토에서 제외됐다.[69] 네덜란드 국경이 확립됐다는 것은 네덜란드가 스페인이 점령하고 있는 남부 저지대 수복에 실패하고 분단이 확정됐다는 의미이기도 했다. 이로써 네덜란드가 벌인 80년 독립전쟁은 절반의 성공으로 막을 내렸다.

빌렘을 계승한 오라녜가 후손들은 모두 스페인과의 전쟁이 어정쩡한 상태로 종식되는 것에 반대했다. 그럼에도 불구하고 1609년 휴전이나 1648년 종전을 주도한 것은 전쟁으로 활동에 제약을 받는 상인들과, 그들과 경제적 이익을 함께하는 귀족들이었다. 지방 귀족들은 오라녜가에서 왕이 나올까 봐 두려워했기 때문에 군사력을 독점하는 총독을 견제했다. 전쟁이 계속된다면 총독의 군사적 독점을 막을 명분이 없었기 때문에 평화를 바라는 측면도 있었다.

프레데릭은 1648년 평화조약을 채결하기 1년 전에 죽었기 때문에 프리스란드를 제외한 6개 주 총독은 프레데릭의 아들 빌렘 2세가 물려받았다. 빌렘 2세도 평화조약에 반대하고 네덜란드가 수복하지 못한 남부 저지대를 지배하고 있는 스페인과 전쟁을 지속하길 바랐지만 종전과 분단을 막을 수는 없었다. 결정적으로 1650년 빌렘 2세는 재위한 지 얼마 되지 않아 급사하고 말았다.

빌렘 2세가 죽자 대부분 주들이 더 이상 총독을 임명하지 않기로 결정했다.[70] 빌렘 2세 아들인 빌렘 3세는 총독직을 물려받지 못하고 쫓겨났다. 이 결정을 주도한 것은 강경 개혁교회 세력과 상인 세력이었다. 이들은 진정한 공화국을 완성하기 위해서는 한 개인에 의한 지배에서 벗어나야 한다는 논리로 총독제 자체를 삭제해 버렸다.[71]

이렇게 네덜란드를 장악한 상인들의 경제력은 바다에서 나왔다. 네덜란드 상인들은 본토에서 스페인과 전쟁이 한창일 때 스페인과 포르투갈이 개척해 놓은 아시아와 아메리카로 가는 바닷길을 따라 해외로 진출했다. 그들은 스페인과 포르투갈이 세계 곳곳에 건설해 놓은 상업 거점들을 빼앗고 거기에 네덜란드 특유의 상업망을 이식하며 부를 축적했다. 경제력은 군사력을 갖출 수 있는 바탕이 되었고, 마침내 네덜란드는 완전한 독립을 이룬 17세기 중반에 스페인이 가지고 있던 해양 패권을 온전히 장악하게 됐다.

III

열리는 바다,
아시아 무역 항로 쟁탈전

1.

아시아 무역
항로를 열어라

닫힌 바다, '모든 바다는 스페인의 것'

유럽인들은 오래전부터 아시아에서 나는 상품들을 이슬람 상인 또는 동로마를 통해 구매해 왔다. 이들과 서유럽인의 교역은 베네치아와 같은 지중해 연안 도시들이 담당했다. 하지만 15세기 오스만 제국에 의해 동로마 제국이 멸망한 이후 이슬람과 서유럽은 극단적인 대립 상태로 들어갔고 잦은 전쟁에 휘말렸다. 당연히 양측 간 호혜적인 무역관계도 종말을 고했다. 이때부터 스페인과 포르투갈은 이슬람 상인을 통하지 않고 아시아에 직접 가서 상품을 가져올 방법을 찾기 위해 노력했다.

바다를 통한 인도항로 개척에 첫발을 디딘 나라는 유럽 대륙 서남부 말단에 위치한 포르투갈이었다. 1488년 바르톨로뮤 디아즈[72]가 아프리카 서해안을 거쳐 희망봉을 발견했고, 10년 뒤인 1498년엔 바스코 다 가마[73]가 아프리카 대륙을 돌아 인도 캘리컷에 도착했다. 바스코 다 가마 원정대가 도착한 캘리컷은 아랍 상인들이 개척해 놓은 인도 후추 무역항이었다. 직접 캘리컷으로 상선을 보낼 수 있게 된 포르투갈은 이후 100년간 인도로 가는 항로를 독점하고 후추 무역에서 많은 이윤을 창출했다.

포르투갈인 디아즈와 다 가마 원정 사이인 1492년, 스페인 이사벨라 여왕이 후원한 콜럼버스가[74] 아메리카 대륙으로 가는 항로를 발견했다. 같은 곳을 지향하며 동쪽과 서쪽에서 각기 항로를 찾았던 두 가톨릭 왕국은 둥근 지구를 돌아 서로 조우할 수밖에 없었다. 교황은 이런 항로 개척 중 발생할 수 있는 분쟁을 미연에 방지하기 위해 중재에 나섰다.

1494년 양국은 교황의 중재로 토르데실랴스 조약을 맺었다. 그 내용은 유럽인이 이미 알고 있던 항로 이외에 새로 발견되는 항로는 발견자 소속 국가에 속한다는 것과, 자오선을 경계로 양국이 바다를 분할한다는 것이었다. 당시 유럽인으로 새로운 바다를 찾아 배를 파견할 수 있는 국가는 포르투

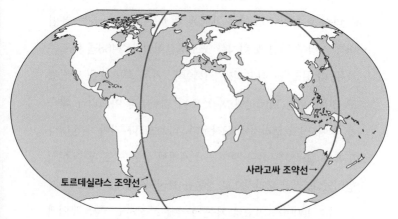

○ 토르데실랴스 조약(1494)과 사라고싸 조약(1529) 결과
　스페인-포르투갈 분단선

갈과 스페인밖에 없었으므로, 이 조약은 유럽 이외 바다에 대한 소유권이 두 나라에 있다는 것을 선언한 셈이었다.[75] 그런데 1580년 스페인 펠리페 2세가 포르투갈 왕위까지 차지하며 양국은 합병되었고, 이때부터 토르데실랴스 조약 효력은 온전히 스페인에게 귀속되면서 세계 대양은 완전히 닫힌 바다가 되었다.[76]

후추는 어떻게 동인도회사를 세웠나

포르투갈이 100년 가까이 아프리카를 돌아 아시아로 가는 항로를 독점할 수 있었던 것은 먼 바다 항해가 가능한 경쟁

자가 거의 없었기 때문이다. 유일한 경쟁자인 스페인은 아메리카 경영에 여념이 없었고, 지중해에 익숙한 이탈리아의 도시들은 먼 바다로 나가는 데 두려움이 있었다. 영국[77]은 먼 아시아까지 위험을 무릅쓰고 가기보다 은을 잔뜩 실은 스페인 배를 근해에서 약탈하는 해적질에 집중했고, '바다의 마부'라고 불릴 정도로 해운이 발달했던 네덜란드 배는 먼 거리 항해에는 적합하지 않았다.

네덜란드 독립전쟁 이전까지 포르투갈은 유럽에 들여온 향신료를 저지대 플랜더스 주 안트베르펜에 있는 브로커를 활용해 팔았다. 포르투갈과 안트베르펜을 이어주는 끈은 유대인이었다. 그러나 포르투갈은 1580년 스페인과 합병된 뒤 더 이상 안트베르펜을 활용할 수 없게 됐다. 이미 1576년 있었던 스페인군의 폭동으로 도시 체계가 심각하게 손상된 데더해 안트베르펜이 독립 세력인 유트레히트 연합에 가입했기 때문에 스페인과는 적대 지역이 되어 버렸다.[78]

포르투갈 후추 교역이 원천적으로 불가능하게 되자 네덜란드 후추 상인들은 새로운 후추 공급선을 찾아 직접 인도로 배를 보내기로 했다. 그러기 위해서는 포르투갈이 독점하고 있는 항로에 대한 정보가 필요했다. 때마침 포르투갈 배를 타고 인도를 다녀온 린쇼텐[79]의 여행기[80]가 출판됐다. 이 여행기에는 린쇼텐이 인도에서 경험한 여러 가지 신기한 생활 상에 대한 묘사와 함께 인도까지 가는 항로와 바람, 그리고 기항지에 대한 정보도 자세히 수록되어 있었다.[81] 이 책은 네덜란드, 더 정확하게는 암스테르담 상인들의 선단이 동아시아로 출항하는 데 결정적인 역할을 했다.

암스테르담 상인조합이 보낸 첫 선단은 배 4척에 선원 240명을 싣고 출항해 목적지인 인도 캘리컷에 도착했다. 아시아인들이 유럽 상품을 별로 좋아하지 않는다는 걸 미리 파악한 첫 선단은 상품 대신 은화와 금화를 많이 준비해 갔다. 은화로 거래를 튼 그들은 포르투갈의 방해를 뚫고, 출항한 지 30개월 만에 배 3척에 선원 87명과 함께 후추를 싣고 암스테르담으로 돌아왔다. 선단의 성과는 원래 기대에는 미치지 못하는 양이었지만, 당시 후추 값이 워낙 비쌌기 때문에 이윤을 남길 수 있었다.[82]

이 항해를 계기로 아시아로 가는 상선의 봇물이 터졌다. 암스테르담을 주축으로 홀란드 상인들은 너도 나도 출자를 해서 자체 무역 선단을 아시아로 보냈다. 1599년 한 해만 배 22척을 보내 14척이 후추를 싣고 돌아왔다. 실패하는 경우도 있었지만 귀항하기만 한다면 400%가 넘는 이익을 볼 수 있었다.[83] 그러나 이렇게 되자 당연히 부작용이 나타났다. 유럽

시장에 한꺼번에 너무 많은 후추가 들어와 후추 가격이 폭락했다.

이대로 계속되다가는 공멸할 수 있다는 우려 속에 네덜란드 정부가 나섰다. 1602년 네덜란드는 선단의 개별 출항을 금지하고 통합동인도회사(VOC)를 세워 아시아 무역의 독점권을 주었다. 영국은 이미 1600년에 국왕의 특허장을 소지한 동인도회사를 설립했지만 그 규모는 네덜란드에 훨씬 못 미치는 크기였다.[84]

2.

상장 주식회사의 탄생
'네덜란드 동인도회사'

벤처 기업의 탄생

네덜란드 동인도회사(VOC, Vereenigde Oost-Indische Compagnie)가
설립되기 전 아시아 무역에서 홀란드와 젤란드 상인들은 치
열하게 경쟁했다.[85] 지나친 경쟁으로 공멸에 대한 위기감이
고조될 때 홀란드 행정장관 올덴바르너벨트가 모든 회사를
통합하여 하나의 회사를 세우면 거기에 후추 무역 독점권을
주겠다고 제의했다. 그때까지 무역선에 대한 투자는 무역 선
단을 출항시킨 후 귀항을 하면 바로 손익을 정산하는 방식이
어서 각 선단의 손익은 귀항과 함께 바로 결정됐다.

두 지역 상인들은 통합회사 설립에 응하면서 새로운 투자

방식도 도입했다. 새로 설립한 회사 VOC의 투자비율은 당시 아시아 무역에 선단을 보냈던 도시들이 규모별로 참여하고, 해당 도시 주민이면 누구나 투자가 가능하게 했다. 의사결정 체계는 집단지도체제였다. VOC에 투자한 여섯 개 도시[86]에 는 지부가 설치됐지만, 각 지부는 각각 지분을 가진 독립 개체로 인정됐다.

VOC 전체 운영을 위한 최고 의사결정기구로 '17인 위원회'[87]가 구성됐다. 17인 위원회는 각 회사 종신직 이사 60명 중 대표를 파견하는 형식으로 구성했다. 명석한 한 명이 아니라 17인이나 되는, 서로 이해관계가 엇갈리는 위원들이 집단지도체제를 운영한다는 것이 용이한 일은 아니었다. 특히 네덜란드는 독립 이전부터 지역 특성이 강한 나라여서 각 지역은 네덜란드라는 전체보다는 자기 지역 이익을 우선하는 경우가 많았다. 그럼에도 17인 위원회는 젤란드를 대표한 미델부르흐가 주로 암스테르담을 견제하는 형식으로 교묘한 균형을 도출하면서, 참여한 도시 모두가 불만을 가지지 않도록 운영됐다.

이후 200년 간 이들 17인 위원회는, 때론 지혜로운 결정을 내리기도 했고 때론 고루한 입장을 견지해서 일을 어렵게 만들기도 했지만, 대체로 합리적인 결정을 내리며 회사를 이끌

었다. 하지만 17인 위원회가 회사의 주요 결정을 내리는 데
는 한계가 분명했다. 본국과 아시아 현장은 너무 멀어 아무리
빨라도 반년 이상 소요되는 뱃길이 가로놓여 있었다. 본국에
앉아 있는 17인 위원회가 현지 사정을 잘 파악해서 결정을
내리기는 어려운 구조였다. 결과적으로 VOC를 실질적으로
운영한 것은 현지에 파견된 총독이었다. 현지 총독이 누구냐
에 따라 회사 성과가 크게 영향 받을 수밖에 없었다.

최초의 상장 주식회사, 최초의 '국민주'

1602년부터 1796년까지 존속한 VOC는 역사상 가장 큰 기업
으로 평가받는다.[88] 그 기간에 VOC 깃발 아래 모두 5천 척
가까운 배가 유럽과 아시아를 오갔고, 100만 명 이상의 유럽
인이 주재원으로, 선원으로, 또는 주둔군으로 복무하기 위해
VOC 배를 탔다. 그러나 VOC의 진정한 가치는 단지 이런 거
대한 외형에만 있는 것은 아니었다. VOC만이 가진 특별한 가
치는 이전까지는 존재하지 않았던 투자 방식과 교역 모델을
창안해 향후 자본주의 발전과 아시아 경제체제 발전에 기여
했다는 점이다.

　VOC 설립과 투자 방식이 이전과 달랐던 첫 번째 특징은
21년이라는 긴 투자 기간이었다. 이것은 장기 투자를 유도하

기 위한 목적이었지만, 일반 투자가에게 21년은 너무 긴 기간일 수 있었다. 그래서 10년 후에 중간 정산을 할 수 있도록 했다. 그리고 초기 자본금 5%에 해당하는 수익이 생길 때마다 배당을 했다.

10년 후에 정산하므로 회사는 단기 손익에 연연하지 않고 장기 관점에서 모험적인 투자를 할 수 있었다. 그런 모험적인 투자에는 현지에 무역거점인 상관을 설치하는 일도 포함됐다. 상관을 운영하려면 고정으로 근무자를 두어야 하고 심지어 외부 위협에 대처하기 위해 군대를 주둔시켜야 했다. 이런 조치는 모두 비용이 들었지만, 상관을 중심으로 장기간 안정적인 교역을 하면 효율성이 높아져서 결국엔 더 큰 이윤을 가져올 수 있었다.

두 번째 특징은 모집 당시 투자자들이 주식 대금을 지불하지 않고 약정만 했다는 점이다. 그 약정은 장부에 기입되어 공증을 받았다. 실제 대금은 장래에 3회에 나누어 VOC가 자금이 필요할 때 납부 공지를 할 예정이었다. 이럴 수밖에 없었던 이유는 주식 공모 당시 장래 사업에 대한 정확한 계획이나 비전이 없어서 약정된 투자금을 다 사용할 필요가 없었기 때문이다. 이런 규정을 이용해 약정한 자금이 없는 사람도 남이 하니까 따라서 등록한 경우도 많았다. 이렇게 자금 없이 약정한 사람들은 나중에 자기 지분을 매도해서 이익을 남길 수 있었다.

세 번째 특징은 투자금 모집에 참여한 여섯 도시 시민이면 누구나 지분에 참여할 수 있도록 공개했다는 점이다. 그리고 적은 액수 투자도 가능하도록 지분을 쪼갰다. 이른바 국민주였다. VOC에 모집된 투자금에는 약소하지만 하인과 하녀, 과부와 제화공이 낸 50길더에서 300길더와 같은 쌈짓돈도 포함됐다. 두 번에 걸친 모집을 통해 동인도회사 초대 주주로 등록된 사람은 모두 1,143명이었고, 모집된 자본금은 650만 길더였다.[89] VOC 주식 모집은 이때 이후로 다시는 없었다.

하지만 이런 투자 방식에도 약점은 있었다. 10년 후에야 정산을 했으므로 당시 관행에 비추어 너무 긴 시간이었다. 중간에 투자금을 회수하고 싶은 사람이 생길 수 있었다. 또 약정을 하고도 납부 시기에 돈을 다 마련하지 못하는 사람도 있을 수 있고, 반대로 모집 기간에는 관심이 없었지만 나중에 투자를 하고 싶은 사람도 있을 수 있었다. 예상되는 이런 문제들을 한 번에 해결한 것이 주식을 양도할 수 있는 길을 터준 것이었다.

이전에도 여러 명이 투자금을 모으고 수익을 배분하는 방식은 서로 위험을 줄이고 대규모 투자를 가능하게 했으므로 상업 분야에서 오랫동안 활용됐지만 대부분 일회성이었다. 16세기 중엽 이후에는 주식회사라고 할 수 있는 형식도 나타났지만, 투자자를 모집하는 방법이 폐쇄적이었고, 지분을 타인에게 양도할 수 없었다. 정부 주도로 구성되고, 정부로부터 21년의 독점권을 획득한 VOC는 역사상 최초의 상장 주식회사였으며, 국민기업이기도 했다. 또한 VOC 선례는 후세에 주식 투자를 통한 재산 증식 방법을 남겼다.

돈방석에 앉은 투자자들

1603년 3월 VOC 주식 첫 거래가 이루어졌다. 직전에 이사회는 주식 대금에 대한 첫 회 납부를 공지했다. VOC 이름으로 첫 번째 무역 선단을 꾸리는 데 필요한 자금이었다. 처음으로 주식을 판 사람은 처음부터 자본금이 없으면서 주식을 청약한 사람이었다. 그런데 이 거래에서 매도자는 돈을 벌었다. 매수자는 VOC 사업 계획이 구체화되는 것을 보고 매도자가 약정한 액수가 가진 지분 가치를 더 높게 본 것이었다.[90]

이때 주식 거래는 요즘과 같이 1주당 액면가가 정해진 것이 아니라 장부에 최초로 약정한 금액만 기입된 형태였다. 새로 주식을 산 사람이 장부에 소유자를 바꿔 기입하는 것으로 거래가 완료됐다. 예를 들어 장부에 3,000길더로 기입된 투자금 지분을 사기 위해 매수자는 3,150길더를 지불하는 식이었다. 앞서 얘기한 첫 거래자에 이 사례를 대입하면 매수자는 매도자에게 150길더를 지불하고 3,000길더를 투자할 권리를 산 뒤, 납부 날짜에 맞춰 VOC에 3,000길더 약정액 중 첫 회분을 납부했을 것이다.

이제 VOC 주식을 거래하기 위한 거래소가 필요했다. 곡물이나 후추 등 현물을 거래하는 거래소 형태는 13세기 말처음 나타나 16세기에는 주요 도시마다 설치되어 있었다. 현물이 거래되던 암스테르담 거래소에 VOC 주식이라는 새로운 거래 대상이 추가됐다. 이후 네덜란드인들은 VOC 주식을 거래하면서 조건부 청구권, 다양한 옵션 거래 등 선물 거래와 레버리지 기법들을 창조했다.

첫 번째 주식 거래 사례와 같이 납부 고지가 될 때마다 주식 거래량이 늘어났다. 약정금이 부족한 사람들이 계속 나타났기 때문이다. 결국 돈이 없는 사람들은 약정금을 내지 못해서, 또는 프리미엄을 받기 위해 지분을 매각했다. VOC 사업성에 대한 기대 때문에 주식은 인기가 있었다. 하지만 처음 8년 간 배당은 이루어지지 않았다. 수익을 올리지 못한 것이 아니라 이사진들 결정으로 재투자했기 때문이다.

이사진은 회사 자본금을 유지하기 위해 배당을 현물로 지급하는 묘수를 썼다. 1610년 주주들에게 배당 명목으로 지급된 것은 반다 제도에서 실어 온 향신료 육두구였다. 그럼에도 불구하고 아시아에서 VOC 활약상은 정부와 주주 모두에게 희망을 주기에 충분했다. 정부와 이사진들은 아시아에서 상업회사로서뿐 아니라 국가적인 의미에서 잘 나가고 있는 VOC를 더 키우고 싶은 욕심이 생겼다. 설립 10년이 되던 1612년 예정되어 있던 정산은 취소됐고, 21년 후 소멸 예정이었던 특허권은 계속 연장되어 회사는 200년 간 지속됐다.

아시아에서 VOC 무역량이 폭발적으로 증가했다는 것은 네덜란드 본국에 있는 투자자들이 돈을 벌었다는 것을 의미했다. 투자자들은 자신이 가진 주식 가치가 올라서 돈을 벌었고, 높은 배당을 통해 또 돈을 벌 수 있었다. 특히 1633년부터 1643년까지 VOC 주식 가치는 두 배 이상 올랐다.[91] 이 10년 동안 지분 140%에 이르는 배당이 이루어지기도 했다. 이 시기 VOC는 반다 제도 육두구를 독점하고 인도—인도네시아—중국—일본을 잇는 아시아 역내 무역망을 완성했다.

그러나 이런 성공 뒤에는 필연적으로 부패도 자라고 있었다. VOC는 1602년 이후 주식을 더 발행하지 않았기 때문에 회사 팽창에 따른 자금은 차입에 의존했다. 이자율이 쌌으므로 회사 입장에서 그쪽이 더 유리했기 때문이다. 이런 판단을 한 것은 17인 위원회를 정점으로 하는 이사들이었다.[92] 이사들은 주로 홀란드와 젤란드 대자본가들로, 이사직은 자손에게 세습됐다. 그들은 회사 주식을 더 발행하지 않음으로써 자신들의 지분을 유지했고, 나아가 주식 시장에서 매입을 통해 지분을 늘렸다. 그리고 스스로에게 높은 배당률을 결정했다. 게다가 회사가 확장할 때 자금을 꾸어줌으로써 이자를 받을 수도 있었다.[93]

3.

네덜란드의 칼,
'해양자유론'

'바다는 땅보다는 공기에 가깝다'

16세기 초 포르투갈은 현재 인도네시아가 된 여러 섬들과 별 어려움 없이 교역을 할 수 있었다. 강력한 중앙 통치 조직이 없어서 지역 촌장이나 술탄과 협상을 하면 향신료 거래가 가능했기 때문이다. 현지인들은 이미 아랍과 중국 등 다양한 지역에서 온 상인들과 거래해 왔기 때문에 외지인에 대한 거부감이 없었다. 현지인들에게 포르투갈이 가져온 금화나 은화, 그리고 총포류는 가치가 있었으므로 거래는 쉽게 이루어졌다.

이런 분위기는 17세기 영국과 네덜란드가 이 섬들을 찾아

왔을 때도 마찬가지였다. 유럽에서 온 장사꾼들끼리 거래를 독점하려는 싸움만이 문제였다. 후발주자인 영국과 네덜란드는 먼저 100년 간 암묵적으로 유지됐던 토르데실랴스조약을 깰 필요가 있었다. 그리고 마침내 기회가 왔다. 1603년 2월에 벌어진 헴스케르크의 산타 카타리나 나포 사건은 이런 배경에서 저질러졌다.[94] 이때 근거로 등장한 것이 그로티우스의 '해양자유론(Mare Liberum)'이었다.

포르투갈은 지난 100년 동안 유지된, 마카오에서 말레이시아를 거쳐 포르투갈 아시아 본부가 있던 인도 고아(Goa)까지 연결되는 항로에 대한 소유권을 주장했지만, 네덜란드 측은 원래 이 항로가 중국과 동남아, 그리고 아랍 상인들이 오가던 오래된 교역로였음을 지적했다. 바다는 땅보다는 공기에 가깝기 때문에 누구도 접근을 막을 수 없으므로 VOC 배가 아시아의 어느 바다에서나 항해하는 것은 자유라는 논리였다. 이 자유를 가로막고 포르투갈 배가 먼저 공격했으므로 전투 결과로 전리품을 취하는 것도 자유였다.[95]

그로티우스가 창안한 이 공해(公海) 개념은 현재까지도 유효한 국제법의 한 분야가 됐다. 공해에서 자유로운 해상활동을 한다는 것은, 이곳이 강자만이 살아남는 약육강식 생태계라는 선언이었다. 나아가 이것은 이후 유럽국들이 세계 각지에서 제국주의 시대를 열었을 때 이를 옹호하는 정치 논리로 활용됐다.

이 사건을 계기로 VOC 모토는 '코판넬 메트 포스 koo phandel met force(무력을 동반한 무역)'이 됐다. 하지만 이런 VOC 태도가 새로운 것은 아니었다. 중세 이래로 유럽 바다는 해적이 들끓는 위험한 곳이었으므로 당시 배들은 비록 상선이나 어선이라도 대포를 장착한 무장선들이었다. 더구나 낯선 아시아로 무역을 위해 떠나온 배들의 무장 정도는 군함에 비견할 수 있었다. 따라서 이같은 모토는 유럽을 떠나는 모든 나라 배에게 공통적인 사항이었다.

암스테르담 경매장을 놀라게 한 산타 카타리나 화물들

산타 카타리나에 실렸던 화물들은 네덜란드 정부의 허가를 받아 암스테르담에서 경매에 붙여졌다. 주요 화물 목록은 중국산 생사를 비롯해서 각종 고급 직물류 60톤, 도자기 60톤, 그리고 각종 장식품 등이 있었고, 동남아시아 산물로 설탕, 향신료, 면화 등이 있었다. 이 경매는 네덜란드 부호들뿐 아니라 유럽에서 내로라 하는 왕가와 귀족들, 중간 상인들까지 참여하는 대단한 호응을 이끌어 VOC에게 엄청난 수익을 안겨주었다.

유럽인들은 이 화물 대부분이 처음 접해 보는 것들이었다. 이 화물의 대다수는 유럽 시장이 아니라 아시아 다른 지역으로 가는 역내 교역품이었기 때문이다. 당시 포르투갈은 마카오와 고아를 오가며 동남아시아 여러 지역 물산을 유통시켰던 아시아 교역의 중심이었다.[96] 산타 카타리나 화물 경매는 유럽인들이 처음으로 아시아, 특히 중국의 고급 상품을 대규모로 접하는 계기가 됐다. 특히 화물 중에 있었던 청화백자는 이후 근대 유럽에 중국풍이라는 큰 유행을 만들어내며 유럽인들 생활방식의 변화를 이끌었다.

4.

네덜란드의 과욕,
경쟁자를 제거하는 극단의 방법

되풀이되는 보복, 족쇄가 된 '해양자유론'

1605년 네덜란드와 영국 동인도회사들은 포르투갈의 저항을 뚫고 정향과 육두구 산지인 몰루카 제도에 상관을 설치했다. 그때까지 포르투갈은 육두구를 거래하기는 했지만 산지를 정확히 알지는 못했다. 실제 육두구 나무는 몰루카 제도 남쪽 먼 바다에 떨어져 있는 조그만 일곱 개 섬이 모여 있는 반다(Banda) 제도에서만 자랐다. 반다 섬 술탄은 오랜 기간 동남아와 아랍 상인들에게 육두구를 판매하면서 교역에 대한 노하우를 가지고 있었다.[97]

유럽인으로는 처음 VOC가 반다 제도를 찾아내 1609년 섬

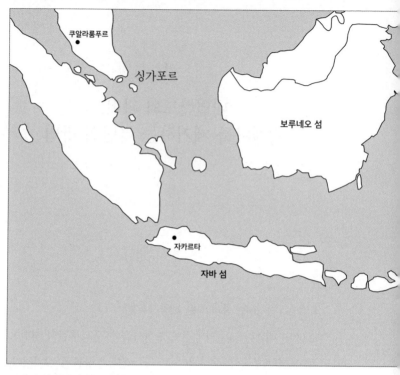

○ 자바 섬과 반다 제도 주변

에 발을 디뎠다. VOC는 현지 상인을 거치지 않고 육두구 생산지를 직접 공략해서 원료 공급 자체를 독점할 수 있는 길을 찾았다. VOC는 육두구 독점 거래 체제를 유지하기 위해 1610년 반다 제도에서 가까운 섬인 암본(Ambon)에 현지 본부를 설치했다. 하지만 1615년 영국이 반다 제도 다른 섬을 점

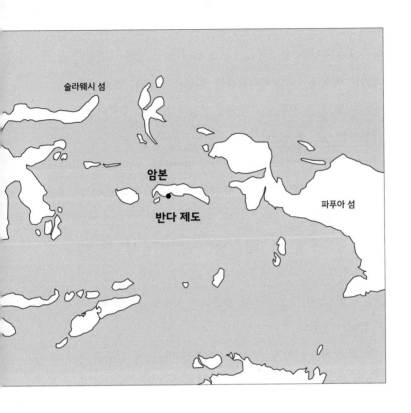

술라웨시 섬

암본

반다 제도

파푸아 섬

령함으로써 VOC의 독점이 깨졌다. 네덜란드가 포르투갈을
상대로 제기했던 '해양자유론'이 이번에는 네덜란드의 족쇄
가 됐다.[98] 현지인을 상대로 향신료를 구매해야 하는 입장에
있던 두 나라가 경쟁하는 것은 결국 현지 가격을 올려 서로
에게 손해가 나는 일이었다. 이런 경합은 반다 제도뿐 아니라

아시아 곳곳에서 발생했으므로 1619년 영국 왕과 네덜란드 의회는 해외에서 상호협력하자는 협정을 맺었다. 협정 내용에는 서로 기존 점령지 기득권을 인정하고, 서로 무역거점을 사용하는 것도 포함됐다.[99]

이런 배경에서 '암본 학살' 사건이 일어났다. 1622년 말 암본에 있던 VOC 총독은 그 지역 술탄이 영국 사주를 받아 거래선을 스페인으로 바꾸려 하는 것을 눈치챘다. 나아가 1623년 2월 총독은 영국이 암본을 탈취하려 한다는 정보를 얻었다. 이에 대응해 즉각 행동을 취한 VOC는 영국 동인도회사 책임자 등 20여 명을 체포해 암본으로 압송한 뒤 지독한 고문 끝에 처형했다.[100]

이때 잡혀간 사람 중 영국인 4명은 풀려났는데, 그들은 본국으로 돌아와 자신들이 당한 이야기를 출판했다. 1624년 출판된 이 책은 『암보이나의 영국인들에 대한 부당하고 잔인하며 야만적인 고문에 대한 진실』이라는 제목부터가 자극적이었다.[101] 이를 계기로 영국 내에서 네덜란드를 규탄하는 여론이 들끓었다. 하지만 당시 영국은 유럽 내에서 합스부르크가의 확장을 경계해야 하는 정치적인 이유로 네덜란드에 대한 조치를 미뤘다.[102]

이후 30년이 지난 1654년에 와서야, 제1차 영국-네덜란드 전쟁이 끝나고 맺은 웨스트민스터 조약에 의해 상호 손해배상하기로 합의하면서 '암본 학살' 사건은 종결됐다. 이때 영국은 피해자들에 대한 보상으로 269만 파운드를 요구했다. 그런데 네덜란드는 오히려 영국이 거래상 배신을 해서 입은 피해가 300만 파운드라고 주장했다.[103] 당시 기록 문서로 정확한 근거를 들이대는 네덜란드에 밀려 영국은 오히려 돈을 더 물어줘야 했다.

본토에 있는 영국인들은 이 사건 이후로 네덜란드에 깊은 적개심을 가지게 되었고, 영국이 네덜란드와 전쟁을 벌일 때마다 네덜란드를 공격하는 당위성을 선전하는 도구로 이 사건을 활용했다. 한 예로 1664년 영국은 무단으로 북아메리카에 있는 네덜란드 식민지 뉴암스테르담을 점령했는데, 이때도 영국 점거는 40년 전 암본 학살에 대한 보복이라고 정당화했다.[104]

VOC의 잔인한 경영, 노예와 이민자들

암본 학살 이후 반다 제도에서 독점력을 공고히 하게 된 VOC는 현지인들을 잔혹하게 다루어 그들에게 씻을 수 없는 상처를 남겼다. 육두구 수출을 독점하는 등 무역 규모가 커지자 VOC는 암본에 있던 본부를 인도양 교통 요충지인 자바 섬으로 옮기는 결정을 했다. 그리고 새로운 거점으로 자바에 바타비아라는 신도시를 건설하면서 반 VOC 세력이 우세해서 다루기 어려웠던 반다 주민 1만5천여 명 전부를 바타비아로 이주시켜 건설 노역을 시켰다. 조용한 외딴 섬에서 자유롭게 생활했던 반다 주민들은 노역에 적응하지 못하고 많은 수가 죽음을 맞았다.

한편, 주민들을 이주시킨 반다 섬에서 육두구 나무를 재배할 사람이 없어지자 이번에는 네덜란드 이민자들을 불러들였다. 땅을 불하받아 농장주가 된 네덜란드인 이민자들은 외지에서 노예를 데려와 플랜테이션을 시작했다. 하지만 플랜테이션을 운영하기에 네덜란드인은 관리 경험이 없었고, 붙잡혀 온 노예 노동자들은 농장노동 경험이 없었다. 나무들은 거의 고사하고 노동자들은 육두구 나무 외엔 먹을 것이 부족한 섬에서 굶어 죽어갔다.[105] 다급해진 VOC는 바타비아에 강제 이주시켰던 주민 중 살아남은 500여 명을 다시 반다로 보내 육두구 나무 숲을 되살리게 했다.[106] 이렇게 반다 주민들은 자신들이 수백 년간 가꾸고 교역해 왔던 육두구 나무에 딸린 노예로 전락했다.

육두구는 아주 서서히 자라는 나무였지만, 시간이 지나며 반다 섬 육두구 플랜테이션은 자리를 잡아 갔다. 반다 섬을 통한 VOC의 육두구 독점은 한 세기 이상 유지되다가 18세기 말 프랑스와 영국이 동남아 식민지에 심은 육두구 나무들이 과실을 맺기 시작하며 깨졌다.[107] 이때는 이미 VOC가 아시아 교역에서 누리던 패권도 모두 영국에게 넘어간 뒤였다.

VOC가 반다 제도에서 영국을 몰아내고 육두구를 독점하는 데 성공한 것은 장기적으로 VOC가 성장하는 데 장애가 됐다. 1차 상품인 향신료에 과도하게 집중된 무역 구조는 시간이 지나며 유럽 시장에서 향신료 수요가 줄어들자 곧바로 사양업종이 되어 버렸기 때문이다.

반대로 VOC에 밀려 인도네시아 지역 향신료 교역에서 손을 뗀 영국은 한때 위기를 맞았지만, 인도 경략에 더 집중하면서 활로를 찾았다. 장기적으로 영국은 인도의 면화를 들여와 면직물 공업이라는 산업혁명을 일으키는 커다란 역사의 흐름을 만드는 장본인이 됐다.

5.

네덜란드의 상술
중국, 일본의 무역장벽을 뚫다

명 왕조의 해금정책, '조공 아닌 무역은 금지!'

VOC는 향신료 교역을 독점하기 위해 애를 쓴 만큼이나 중
국, 일본과 교역하기 위해서도 노력했다. 향신료 산지와는 달
리 동아시아 국가들은 잘 정비된 지배 체제를 갖춘 고도의
문명국이었다. 특히 중국을 지배하고 있던 명 왕조는 전통적
인 중화사상을 바탕으로, 외국과의 무역으로는 조공체계 외
사적 무역을 허용하지 않았다.

조공은 수나라 때부터 중국이 주변국과 맺은 외교의 근간
이었다. 주변국들은 조공을 통해 중국에 예를 표하고 대신
진귀한 중국산 비단과 도자기 등을 얻어 갈 수 있었다. 하지

만 상업을 장려했던 송나라 때에는 조공체계 밖에서 민간 상인에 의한 국제 교역도 활발히 이루어졌다. 세계 제국을 이뤘던 원나라가 중국 대륙을 다스리던 때에는 자연스럽게 국제 교류가 확대되었고 그 속에서 민간 상인이 활동할 수 있는 영역도 넓어졌다.

1368년 원을 멸하고 한족 출신 주원장(朱元璋)이 건국한 명은, 몽골족이 세운 원이 지녔던 개방성에 대한 반작용으로 한족 정통성 회복을 건국 제일 기치로 내걸고 철학적 원류를 유교에서 찾았다.[108] 이것은 명이 이전 왕조였던 송이나 원에 비해 과거 회귀적 가치관을 가지고 통치될 것임을 천명한 것이었다. 이런 통치관을 바탕으로 명 왕조는 송·원대 활발했던 대외 교류를 지양하고 내치와 농업을 중시하는 시책을 폈다.[109]

내향적 세계관을 가진 명이 대외 무역 분야에 대처하는 태도는 1371년 홍무제가 선포한 '해금정책(海禁政策)'에서 극명하게 나타났다.[110] 해금은 정부가 인정하는 조공을 통한 교역 외에는 바다를 통한 교역을 금하는 조치였다. 당시 명 왕조가 해금을 하는 근거로 내세운 것은 지속적인 왜구 침탈로부터 농민들을 보호한다는 것이었다. 하지만 실제로는 해금을 통해 경제권을 황제가 독점할 수 있었고, 사회 유동성을 증

대시키는 상인 세력을 억제하는 수단으로 활용했다.

명 조정과 정식 조공 관계를 맺지 못한 유럽국들에게 해금은 명과 정식 무역을 하는 것이 불가능함을 의미했다. 해금령은 명조 내정 상황에 따라 여러 차례 다시 내려졌는데, 그 이유는 조공체계만으로는 중국산 상품에 대한 주변국 요구가 충족되지 못해서 자연스럽게 밀무역이 성행했기 때문이다. 지방 관리도 밀무역에 동참하는 등[111] 밀수는 조공체계 자체에도 위협이 될 수 있었으므로 명 조정은 결국 조공국이 요구하는 개방을 일부 받아들였다. 1509년 광저우를 조공국 상인에게 개방하였고, 1567년엔 자국과 조공국 상인들에게 제한적인 사무역을 허락했다. VOC가 무역에 뛰어들었을 때는 조공국 상인들을 통해 중국 상품들이 해외로 반출되어 거래되던 시기였다.[112]

일본 은으로 중국 상품을 거래한 네덜란드

VOC의 새로운 본부인 바타비아는 1619년 건설됐다[113] 영국인에 대한 학살이 일어났던 암본은 향신료 제도에 위치해서 교역이 편리했지만 동아시아 다른 교역로와는 동떨어진 곳이었다. 그에 비해 자바 섬 북쪽에 위치한 바타비아는 서쪽으로 말라카 해협을 거쳐 인도양으로 진출하기 용이했고 동북쪽으로 중국과 일본으로 이어지는 해로의 요충이었다.

본부를 바타비아로 옮기는 일은 네덜란드에 있는 VOC 17인 위원회 승인 없이 현지 총독이었던 코엔[114]에 의해 강행되었다. VOC 시스템을 누구보다 잘 이해하고 있던 코엔은 당시 유럽국이 아시아에서 가지고 있던 약점과 해결책에 대한 아이디어가 있었다. 유럽국이 아시아와 교역하는 데 가장 큰 어려움은, 유럽국이 구입하고 싶은 아시아 상품들이 많은 데 비해 아시아에 팔 만한 상품은 별로 없다는 점이었다. 결국 유럽국은 아시아 상품을 얻기 위해서는 국부인 금이나 은을 결재 수단으로 사용할 수밖에 없었다. 더구나 너무 많은 후추가 유럽 시장으로 유입됐기 때문에 가격이 지속적으로 하락하는 점도 어려움이었다. 이제는 사업 다각화가 필요했다.

동아시아에는 유럽이 갖고 싶은 다양한 교역상품이 있었지만, VOC뿐 아니라 어떤 유럽국도 중국과 정식으로 교역을 하기는 어려웠다. 그런데 다행스럽게도 중국은 은이 부족했다. 당시 중국은 금과 은 교환 비율이 2:1 정도로 유럽보다 은 가치가 월등하게 높았다. 아메리카로부터 막대한 은이 반입되던 유럽으로서는 값싼 은을 지불하고 중국 상품을 구입할 수 있었다. 하지만 은을 생산하지 못하는 네덜란드에게는 이것도 다른 나라 이야기일 뿐이었다. 이때 코엔은 '동남아

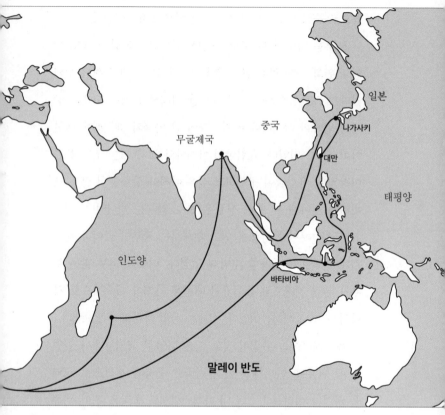

○ 17세기 VOC 무역로

일본

나가사키

중국

대만

태평양

무굴제국

인도양

바타비아

말레이 반도

향신료→유럽', '중국 청화백자→유럽'과 같이 단선적으로 분절되어 있던 VOC 교역선을 하나로 묶는 기발한 방법을 생각해냈다.

VOC 배는 이제 향신료 제도에서 산 육두구를 싣고 유럽으로 가지 않고 중국에 가서 팔았다. 그리고 그 대가로 중국 청화백자와 차, 비단 등을 사서 일부는 유럽으로 보내고 일부는 일본으로 가져갔다. VOC가 일본과 교역을 시작한 것은 1609년이었는데, 당시에는 포르투갈이 이미 일본과의 교역을 선점하고 있었고, 영국도 도전하고 있었다.

VOC에게는 다행스럽게도 1639년 도쿠가와 막부가 들어서 안정에 이르자 일본은 기독교 선교를 이유로 VOC를 제외한 다른 외국 상관들을 추방해 버렸다.[115] 명나라를 치기 위해 조선을 침략했던 일본이었기 때문에 명나라 조공체계에서 일본은 제외돼 있었다. VOC는 중국에서 구입한 사치품들과 네덜란드에서 가져온 총포를 일본에 팔고 은을 받았다. 그리고 이 은은 다시 중국 상품을 구입할 때 결재 수단이 됐다.

이후 VOC는 아시아의 포르투갈 교역망을 빠른 시간에 잠식해 나갔다. 왕실의 주도권이 있긴 했지만, 실질적으로는 민간 상인들의 주도로 이루어졌던 포르투갈 교역 체계에 비해, 주권자로서 권한과 상업적 권한을 모두 지닌 VOC가 일사불

란하게 효율적으로 일을 처리할 수 있었기 때문이다.

한편, VOC를 매개로 완성된 아시아 역내 교역은 여러 가지 이유로 부진했던 아시아 각 나라 교역을 간접적으로 성사시킴으로써 모두를 만족시키는 해법이 됐다. VOC는 매번 거래가 이루어질 때마다 이윤을 챙겼다. VOC가 이 역내 무역을 감당할 수 있었던 것은 그들이 우수한 배를 보유했기 때문이었다. 유럽에서 바다의 마부로 불렸던 네덜란드인들은 아시아의 바다에서도 훌륭한 '바다의 마부'가 됐다.

IV

청화백자,
유럽을 홀린
하이테크 상품

1.

유럽을 매료시킨
첨단 기술, 중국 자기

자기와 도기의 분명한 차이

도자기(陶磁器)는 도기(陶器)와 자기(磁器)를 함께 부르는 말로, 두 기물 모두 흙을 기본 재료를 사용하여 형태를 만들고, 불을 사용해 단단하게 만든다는 점에서 동일한 속성을 가지고 있다. 자기를 처음 만든 중국에서는 도기에서 자기로 넘어가는 기술적 변환이 자연스럽게 이어졌기 때문에 언제든 불 온도를 조절해 자기 또는 도기를 만들 수 있었다. 지금도 자기 생산연대에 대한 논란이 존재하는 이유는 초기 자기 제작이 의도치 않게 이루어졌기 때문으로 보인다.

반면, 유럽 기준으로 도기와 자기는 매우 엄격하게 구분되어 도기는 영어로 '어슨웨어(earthenware)'에 해당하고, 자기는 '포셀린(porcelain)' 또는 '세라믹(ceramic)'이라 부른다. 육안으로 구분할 수 있는 외형을 기준으로 자기는 도기와 비교하여 하얗고 매끄러운 표면을 가지고 있으며, 반투명하고 방수가 되는 특징이 있다. 유럽이 도기와 자기를 다른 용어로 구분하는 이유는 외형상 상이점 이면에, 도기에서 자기로 변환되는 기술단계를 오랫동안 뛰어넘지 못했기 때문이었다. 18세기 초 독일 연금술사 뵈트거[116]가 자기 제조에 성공하기 전까지 유럽은 동양에서 수입한 자기 제품을 소비하는 위치에 머물 수밖에 없었다.

중국 고령토와 이슬람 코발트의 만남

중국에서 완전한 자기를 처음 생산한 것은 당 말기인 10세기 장시 성 북부 지역인 징더전(景德鎭)이었던 것으로 알려져 있다.[117] 징더전에서는 주변에 있는 고령산에서 태토를 취해 기물을 제작했다. 고령토는 이름에는 흙 토(土)자가 붙어 있지만, 실제로는 바위를 가루로 만든 것이었다. 고령토로 제작된 최초 자기는 태토에 있던 철 성분으로 푸른색을 띤 청자였는데, 북송대에 고령토에서 철분을 제거하는 기술을 개발한 뒤 비로소 백자가 생산됐다. 하지만 태토 문제 외에 고온에서 색상을 유지할 수 있는 안료가 철과 산화동으로 한정되어 백자가 많이 생산되지는 않았다.

자기 소성온도인 1300도를 견딜 수 있는 새로운 안료인 코발트가 중국에 도입된 것은 몽골제국 정복 전쟁을 통해 이슬람과 교역이 활발해진 1279년 이후로 추정한다.[118] 청화백자 제작 계기는 이슬람 상인이 자신들 고향에서 도기 안료로 사용하고 있는 코발트를 가져와 취향에 맞는 자기 제작을 주문했을 것으로 추정하고 있다. 초기 제작된 청화백자 유물이 주로 중국 외 지역, 특히 이슬람 지역에서 발견된다는 점이 이 주장을 뒷받침한다.[119]

청화백자는 명대에도 활발하게 제작되어 1403년부터 1433년까지 7차에 거쳐 진행됐던 정화(鄭和) 원정대를 통해 아프리카까지 전달되었다. 유럽도 대항해시대가 열리기 이전 이미 이슬람 상인을 통해서 청화백자를 접했다. 1442년과 1498년 사이 이집트 술탄을 통해 베네치아에 58점의 청화백자가 보내졌다는 기록이 있고, 프랑스 샤를 7세, 피렌체 로렌조 메디치, 헝가리 러요시 1세도 청화백자를 소장하고 있었다고 한다. 이때만 해도 청화백자는 이국적인 진귀한 물품을 소유하는 것으로, 소수 권력자들이나 누리는 호사 취미였을 뿐이다. 15세기 후반 이탈리아의 화가 프란체스코 베나그리오[120]

가 그린 성모자 초상에 들어가 있는 청화백자 그릇은, 당시 사회에서 청화백자가 성스럽고 귀한 물건으로 취급되었다는 것을 의미한다.

　16세기 아시아와 유럽 간 무역을 양분하고 있던 포르투갈과 스페인도 청화백자 존재와 가치를 알고 있었다. 포르투갈 마누엘 1세는 궁전에 도자기방을 꾸몄고, 펠리페 2세도 도자기를 수집하는 취미가 있었다.[121] 산타 카타리나에는 포르투갈이 특별 주문해 제작한 유럽식 '디너세트'도 있었다.[122] 마카오에 상관을 두고 있던 포르투갈은 청화백자를 동남아 각지로 수출하는 역할을 담당하기도 했다.

2.

빠져나올 수 없는
명품 소비의 늪

송장으로 남은 청화백자 거래 내역

1604년 산타 카타리나 화물이 보여주듯이 포르투갈은 청화
백자가 동남아시아 각국에서 인기 무역품이라는 것은 알고
있었지만, 이것을 유럽으로 가져와 판매할 생각은 못 했다.
처음엔 네덜란드도 마찬가지였다. 산타 카타리나 경매가 있
던 같은 해 동인도에서 네덜란드로 들어온 VOC 상선에도 청
화백자가 실려 있었지만 개별 주문받은 소량이었다. 그 배의
선장 입장에서 청화백자를 주문 없이 시장에 팔아 볼 생각은
하지 못했던 것이다. 산타 카타리나 경매를 통해 청화백자가
가진 놀라운 상품성을 발견한 VOC는 그 뒤 청화백자를 수

입하기 위해 고군분투하게 됐다. 청화백자는 크락(kraak-porse-lein)이라고 불렸는데, 이 말은 '포르투갈 배의 자기'라는 뜻으로, 산타 카타리나 화물이 네덜란드인에게 준 충격이 반영된 명칭이었다.

VOC와 중국 상인들이 가장 많이 썼던 청화백자 교역 방식은 회사가 구매를 원하는 제품 종류와 액수를 정하고, 예약금을 지불한 후 납품을 기다리는 것이었다. 납품을 받아도 VOC가 원하는 형태의 청화백자가 전달된다는 보장은 없었다. 이런 교역 방식은 중국 상인들이 납품 기간을 습관적으로 미루었기 때문에 폐단이 많았지만, 청나라가 유럽국에 청화백자 교역을 정식 승인하기 이전까지 유지되었다.

1608년에 작성된 주문서를 보면 약 10만 개의 각종 청화백자를 5년에 걸쳐 제작하도록 했다.[123] 이것으로 청화백자 거래가 다른 상품을 거래하는 것보다 주문량을 채우기 어려웠음을 알 수 있다. 게다가 도자기는 깨지지 않도록 세심하게 포장해야 했기 때문에 손이 많이 가서 작업자들의 불평이 많았다. 대신 보관이 용이하다는 장점이 있었기 때문에 무역품으로서 가치는 충분했다.[124] 네덜란드인들이 어떤 청화백자를 사용했는지는 VOC가 매번 배가 출발할 때마다 작성한 송장을 통해 알 수 있다. 국내 소비에 대한 정확한 통계가 없어서 수입 규모를 짐작할 수 있는 것도 이 송장을 통해서이지만, 당시에는 송장에 기재되지 않고 배에 싣는 화물 비중도 컸다는 것을 감안하면, 실제 거래량은 훨씬 많았을 것이다.

초기 송장에 기재된 한 예를 보자. 1612년 암스테르담에 도착한 바펜 반 암스테르담[125]에는 "각 161 플로린짜리 큰 접시 5개, 버터 접시, 과일 접시, 둥근 작은 주전자, 작은 접시, 코들컵, 기름병, 작은 브랜디 컵, 작은 젖병식 주전자, 프렌치 브랜디를 위한 병 등 총 38,641점, 6,793 플로린, 평균 개당 0.171/2 플로린" 등이 실려 있었다.[126] 송장에 기재된 그릇 용도로 보면 수입되는 청화백자가 마치 서구식 식탁에 맞게 디자인된 것 같은 착각을 준다. 하지만 대부분은 원래 중국식 용기를 자신들 기호에 맞춰 이름을 붙인 것이었다.

중국인이 일상적으로 사용하는 대접과 접시, 그리고 작은 컵 등은 손쉽게 대량으로 구입할 수 있었지만, 대형 접시를 구하기는 어려웠던 것으로 보인다.[127] 실제로 대형 접시는 중국보다는 이슬람식 식생활에서 쓰이는 기물로, 징더전에서 이런 물건을 만든 이유는 이슬람에 수출하기 위해서였다. VOC도 이 접시를 구하기 위해 노력했다. 징더전 도공들은 이미 이슬람이나 포르투갈 주문을 받아 그 지역 식생활에 적합한 기형을 제작해 본 경험이 있었다. VOC도 구체적인 디자인을 그림으로 그리거나 나무로 시제품을 만들어 주문하는 방법으로 네덜란드 소비자들이 필요한 형태를 가진 청화백자를 구했다.

사치의 시대, 유럽풍 백자의 주문 제작

유럽으로 수출된 청화백자 대부분은 징더전에서 제작된 것인데, 이것은 징더전에서 처음 청화백자를 제작하기도 했지만, 장강을 통한 운송이 편리했기 때문이다. 비록 VOC가 연간 10만 점이 넘는 청화백자를 수입하고 있었지만, 이것은 실제 징더전에서 생산된 청화백자 중 16%에 해당하는 양에 불과했다. 그보다 많은 양이 일본과 동남아에 수출됐다.[128]

징더전이 이렇게 많은 수출량을 맞출 수 있었던 것은, 청화백자가 유럽으로 수출되기 이전부터 징더전 각 요장(窯場)에는 대량 생산을 위한 철저한 분업체계[129]가 갖추어져 있었기 때문이다. 징더전에는 관요 생산을 관장하는 관청인 어기창(御器廠)이 있었고, 관요에 종사할 도공들은 인근 지역 도공들에게 역무로 3개월 복무 의무를 부여해 수급했다. 이런 조치는 기술이 뛰어난 도공들이 징더전에 집결하는 효과로 나타났고, 나아가 주변 민요(民窯) 발달에도 기여했다. 민요가 발달하면서 다시 도공과 관련자들이 징더전에 모이게 돼 도시

화가 촉진됐다.[130] 청화백자에 대한 외국 선호가 높았기 때문에 조공을 통한 대외 교류 때에도 청화백자는 중요한 교류품목이었다. 조공국들이 청화백자를 선호한 이유는 이것이 비단보다 교역 조건이 유리했기 때문이다.[131]

중국은 선덕제(1425-1435) 때부터 제작된 도자기에 관지명을 기입하도록 해 도자기 관리가 용이하도록 했다.[132] 관지명은 부정을 방지하기 위한 것이었지만, 후대 학자들 연구에 획기적인 보탬이 됐다. 칼프[133]는 청화백자를 그려 넣은 정물화를 여러 점 남긴 화가인데, 그중 과일, 유리잔, 만력 청화백자가 있는 정물(Still Life with Fruit, Glassware, and a Wanli Bowl)이라는 그림이 있다. 여기에서 'Wanli'는 만력제(1573-1620) 때 제작된 청화백자라는 의미다. 현재 유럽에서 발견되는 명대 청화백자 중 특히 만력제 관지명이 새겨진 청화백자가 많은 것은 명 역사상 가장 무능하고 사치했던 것으로 평가되는 이 황제기에 민요 생산이 최대치로 높았기 때문이다.[134]

VOC 주문 제작을 했을 경우 청화백자 가격이 8-10배 정도 상승했기 때문에 징더전 도공들은 유럽풍 자기 생산에 관심을 가졌다. 그들은 유럽인 취향에 맞춘 문양을 넣은 포크손잡이, 촛대, 주전자 등을 제작했다. VOC에 수출용으로 제작된 청화백자에는 부용문 또는 크락 문양이라는 도안이 들

어갔다. 이것은 16세기 포르투갈이 교역한 청화백자에는 없던, VOC 주문으로 시작된 장식이었다.[135]

청화백자의 수급이 막힌 정권 교체기

VOC는 초기에 인도네시아에 있는 본부(처음엔 반탐, 1619년 이후엔 바타비아)에서 중국 정크선이 가져온 청화백자를 수집해 네덜란드로 송출했다.[136] 1624년 VOC는 포르투갈이 일본과 중계 무역을 위해 대만에 건설한 상관인 포모사(Fomosa)를 탈취했다. VOC는 포르투갈이 중국 정부로부터 거주권을 얻은 마카오를 노려 수차례 도발했지만 실패한 뒤, 중국 남부를 포기하는 대신 일본으로 눈을 돌렸다. 그리고 바타비아를 중심으로 하던 청화백자 수집거점을 포모사로 옮겼다.

그 즈음 대만과 마주한 푸젠성(福建省)을 중심으로 중국 남동부는 쩡지롱(鄭芝龍)이라는 해적 상인이 장악하고 있었다. 쩡지롱 상단은 명 조정의 해금에도 불구하고 바다로 통하는 대부분 밀무역을 관장하고 있었다. 청화백자 수집이 포모사에서 더 수월했던 이유는 중국 정크선을 통한 무역보다 쩡지롱이라는 단일한 주체를 통해 물품을 인도받는 것이 더 안정적이었기 때문이다.

1644년 명이 만주족에게 멸망하고 청이 건국하는 시기에 징더전 관요가 폐쇄되면서 청화백자 생산이 중단됐다. 포모사에서 수급하는 것도 재고를 모두 소진한 1652년경 완전히 중지됐다. 이 뒤 몇 년간 VOC는 이를 보충하기 위해 바타비아를 중심으로 흩어져 있는 중국 거래상을 통해 청화백자를 수집했다. 하지만 이것도 한계에 부딪혀 1656년 화물에는 단 한 점의 청화백자도 실리지 못했다.[137]

일본 '이마리 자기'의 탄생

VOC가 일본에 들여오는 화물 중에는 중국 청화백자도 포함되어 있었다. 하지만 1657년 이후 VOC는 청화백자를 한 점도 구할 수 없었다. 이때를 기점으로 일본은 자국 도자기 생산에 더욱 심혈을 기울이게 됐다. 일본은 임진왜란 중 조선 도공들을 납치해 자국 도자기 산업을 일으키려 노력했고, 1616년부터 깨끗한 백자를 생산하기 시작했다. 임진왜란 때 일본으로 끌려간 조선인 도공 이삼평이 일본에서 고령토를 찾아냈던 것이다.

중국산 청화백자 공급이 중단된 당시 일본은 도자기를 제작한 지 50년이 채 되지 않았던 시기였지만, 제작되는 도자기 품질은 급격히 향상되고 있었다. 조선 도공들이 거주하던 곳은 고령토가 나는 큐슈 섬 사가 현이었는데, 이곳은 나가사키와 인접한 곳이었다. 나가사키 앞바다 데지마에 상관을 두고 있던 VOC로서는 일본 도자기를 주문하고 수집하기에 유리한 위치였다.

본국으로부터 청화백자에 대한 여전한 수요가 있었으므로 VOC는 일본에서 중국 청화백자를 모방한 제품을 제작하도록 주문했다.[138] 하지만 일본이 중국 청화백자를 모방한 기간은 길지 않았다. 일본 도공들은 모방한 중국 청화백자에 붉은 산화동 안료로 그린 그림을 첨가해서 가키에몬(柿右衛門)이라고 불린 새로운 자기 스타일을 만들었다.

수출항 이름을 따 이마리 자기라고 불린 일본 도자기는 중국과 도자기 무역이 중단되었던 1659년부터 1680년까지, 수량의 차이는 있지만 매년 수만 점이 수출됐다. 1662년 한 해 수출한 도자기만도 8만 점이 넘었다.[139] 1683년 쯩씨 왕국 멸망 후 청이 해외 무역을 재개했을 때, 유럽 소비자들은 이미 가키에몬 스타일에 매료되었던 터라 징더전 도공들은 그것을 모방한 '차이니스이마리'를 생산하기도 했다.[140]

3.

도기로 만든 자기 모방품,
델프트 블루

르네상스를 품은 마욜리카

청화백자가 네덜란드를 통해 유럽에 소개되었던 17세기 초, 유럽에서는 주석 유약을 바른 도기가 유행하고 있었다. 제조국에 따라 마욜리카(Maiolica) 또는 파이앙스(Faience)라고 불리는 이 주석 유약 도기를 제조하는 기술은 이슬람에서 유입된 것이었다. 주석 유약 도기는, 몸체는 비록 도기였지만 투명한 주석 유약을 바름으로써 방수성을 높일 수 있었고, 밑그림을 그릴 수 있었다. 처음 청화백자 원형도 이슬람 지역에서 코발트 안료로 밑그림을 그린 주석 유약 도기였다.[141]

이슬람이 가진 이 도기 제조기술은 아랍인이 점유하고 있던 이베리아 반도에 전파되어 스페인에서는 제작지인 마요르카(Mallorca)[142]섬 이름을 따서 부르게 됐다. 이 기술이 이탈리아에 전파되어 마욜리카로 불렸는데, 르네상스 시기 이탈리아 화가들이 밑그림을 그려 전 유럽에 수출하는 히트 상품이 됐다. 마욜리카는 식탁에서 쓰는 그릇 외에도 타일 또는 난로 보조제품에 쓰였고,[143] 약국에선 약병으로 활용했다. 이때 마욜리카 유통은 도공들이 주문자 요구에 맞춰 디자인한 도기를 생산하는 방식이었다.[144] 이런 유럽식 주문 제작 관행은 VOC가 중국에 자세한 그림과 함께 도자기를 주문하는 행위로 연결됐다.

16세기 이탈리아 도공이 안트베르펜으로 이주해 네덜란드에 마욜리카 도기 제작기술을 전했다. 당시 안트베르펜은 북유럽 무역 중심지였기 때문에 이 도공은 새로운 시장을 찾아온 것이었다. 안트베르펜에 터를 잡았던 도공들은 독립전쟁기에 전란을 피해 근거지를 델프트로 옮겼다.[145] 내전 중 델프트가 안트베르펜 도공들의 이주지가 될 수 있었던 것은 비교적 안전한 지역이었다는 점과 함께, 당시 델프트에 좋은 화가들이 많이 거주했던 것도 영향을 미쳤다.[146]

모방품으로 살아남기, '그릇보다 타일'

청화백자를 수입하고 유럽에 들여온 것은 포르투갈이 먼저였지만, 포르투갈 도기는 청화백자 스타일을 모방하지 않았다. 당시 포르투갈은 청화백자를 왕이나 일부 귀족만이 향유하는 이국 취향 정도로만 취급했을 뿐, 상품으로 보지는 않았기 때문이다. 스페인 마요르카 전통을 이어받은 포르투갈은 이미 도기 생산이 성숙 단계에 이르러 확고한 스타일이 구축되어 있었기도 했다.

한편, 델프트는 원래 직물과 맥주 산업이 번성했던 도시였는데, 16세기 후반에는 도공들이 모여들어 요업도 병행하였다. 델프트는 후발주자였기 때문에 이탈리아 마욜리카 명성에는 비교하기 어려웠다. 게다가 17세기 초부터 한 해에 10만 점에 달하는 중국 청화백자가 수입되자 델프트 도기 산업은 고사 직전까지 갔다.[147]

위기를 타개하기 위한 전략으로 델프트 요업은 청화백자가 장악한 그릇 시장을 포기하고 새로운 시장인 타일을 만드는 데 주력했다. 청결을 중시하던 네덜란드 시민들은 주택 인테리어를 타일로 시공하는 것을 선호했기 때문에 타일 시장은 확대일로에 있었다.[148] 델프트 도공들은 주석 유약을 사용하는 마욜리카 제조방법으로 청화백자를 모방한 청화타일을 만들었다. 백색 바탕에 청색으로 그림을 그린 델프트 타일은 '델프트 블루(Delft Blauw)'라고 불리며 시장에서 마욜리카 스타일의 채색 타일보다 환영받았다.[149]

1620년경 델프트 장인들은 청화타일과 더불어 청화백자 모방품을 만들기도 했다.[150] 유럽 시장에서 중국 청화백자는 마욜리카, 파이앙스보다 4-9배, 일본 이마리 자기는 2-3배 비싸게 팔렸기 때문에 이를 모방하고자 하는 욕구는 늘 존재했다.[151] 모방품은 비록 이들 자기보다 저렴했음에도 불구하고 시장 반응이 좋지 않아 대량 생산되지는 않았다. 하지만 중국 청화백자 생산이 중단되어 공급이 끊기자 델프트에서 만든 모방품에 대한 수요가 늘어났다. 델프트 도공들은 이제 기존에 타일을 만들며 축적한 기술을 바탕으로 본격적으로 청화백자 모방품을 만들게 됐다.

델프트 산 모방 청화백자도 델프트 블루로 불렸는데, 1650년대에 생산량이 급증했다. 생산 초기에는 청화백자 기형과 그림까지 모방한 완전한 모조품을 생산했다.[152] 하지만 얼마 지나지 않아 델프트 블루는 기형에 변화를 주거나 수준 높은 그림을 그려 넣음으로써 독자적인 양식을 창조했다.[153] 지금도 남아 있는 촛대와 바이올린, 중국 탑을 모방한 화병 등은 델프트 블루가 가진 개성적인 양식을 보여준다.[154]

서민들의 식탁을 꾸민 델프트 블루와 커피잔의 탄생

17세기 중엽 유럽은 커피와 차가 소개되어 대중화되는 초기였는데, 주석이나 은 등 금속으로 만든 유럽 전통 잔은 뜨거운 커피나 차를 마시기에 적당하지 않았다. 마침 청화백자로 만든 중국식 찻잔이 수입되었으므로 이것은 바로 커피잔으로 사용됐다. 하지만 커피와 차는 마시는 방법에 차이가 있었다. 중국 차는 주전자에서 약간 식힌 상태에서 마시는 반면, 커피는 뜨겁게 마셨다. 뜨거운 커피를 중국식 잔으로 마시기에는 역시 불편함이 있었다.

델프트 블루는 청화백자를 모방한 잔에 유럽식 금속기 잔에 달았던 손잡이를 붙인 커피잔을 만들어, 청화백자 찻잔과 유럽식 금속잔의 문제를 한꺼번에 해결했다.[155] 이후 VOC는 중국에 청화백자를 주문할 때 찻잔에 손잡이를 붙일 것을 주문했다.

델프트 블루는 주문을 받아 고급품을 소량 제작하는 방식을 채택하지 않고, 시장을 지향하여 일반적으로 시민들에게 인기가 있을 기형의 제품을 다량으로 만들었다.[156] 이런 제작방법이 정착한 이유는 이미 고급품 시장은 중국이나 일본산 진짜 청화백자 몫이었기 때문이기도 했고, 대량 생산을 통해 가격 경쟁력을 갖게 되는 이점도 있었기 때문이다.

네덜란드 중하류층은 비록 고가 청화백자 접시에 음식을 담아 먹을 수는 없었지만 비슷한 느낌을 주는 델프트 블루를 식탁에 올림으로써 어느 정도 문화적인 만족감을 향유했다. 이런 사회 분위기는 고급스런 분위기를 내는 칼프가 그린 정물화에는 진품 청화백자가 그려져 있는 반면에, 서민적인 정취를 풍기는 베르메르가 그린 〈우유를 따르는 하녀〉에는 델프트 블루가 놓여 있는 것으로도 드러난다.

명청교체기에 중국 청화백자 수입이 중단되었을 때, 그 빈자리를 일본 이마리 자기, 그리고 그보다 질이 떨어지는 베트남이나 태국산 청화백자가 메웠다. 델프트 블루는 이들과 경쟁해야 했는데, 이마리 자기와는 가격 경쟁에서, 동남아산 자기와는 디자인 경쟁에서 우위를 점할 수 있었다. 델프트 블루는 실제는 도기였지만 자기(porcelain)라는 이름을 달고 VOC를 통해 페르시아, 무갈, 그리고 미국 등에 판매되기도 했다.[157]

4.

레드 오션이 된
유럽 자기 시장

델프트 블루까지 모방한 청의 개방정책

1644년 명이 멸망한 뒤 청이 중국 대륙 유일 왕조로 자리 잡는 데는 잔존 세력들을 제거하는 시간이 필요했다. 특히 쩡지롱(鄭芝龍)의 아들이면서 명조에서 관직을 했던 쩡청공(鄭成功)은 명조 부활을 외치며 청에 저항했다. 쩡청공은 푸젠성을 중심으로 중국 남동부에 세력을 갖고 있던 쩡지롱의 유산을 물려받았지만, 청 압박에 전세가 불리해지자 대만으로 후퇴했다. 대만에는 이미 VOC가 자리 잡고 있었으므로 쩡청공과 VOC는 일전을 치러야 했다. 결국 쩡 씨 부자 2대에 걸쳐 유지됐던 공생관계는 VOC의 패배로 끝났다. 1661년 VOC는

대만 거점을 잃게 됨으로써 동아시아 교역에 큰 타격을 받게
됐다.

대만 쩡 씨 왕국은 1683년 청에 의해 멸망하고, 내정이 안
정된 청은 1684년 대외 무역을 개방했다. 청은 징더전을 부
활함과 동시에 외국 수요에 맞는 수출용 자기를 대량 생산하
는 등, 명보다 개방적인 태도를 취했다. 그동안 청화백자 무
역을 독점하다시피 했던 VOC는 이제 다른 유럽국들과 동일
한 조건에서 경쟁하는 처지가 됐다. 징더전에서 유럽 수요에
맞춘 기형과 문양을 도입한 청화백자와 채색 도기가 광저우
를 통해 쏟아져 나오자, 유럽 시장에서는 VOC가 일본에서
수입한 도자기와 가격 경쟁이 붙었다. VOC는 독점적으로 일
본 도자기를 수입할 수 있었지만, 대만 거점을 잃은 뒤 비용
이 상승했기 때문에 가격 경쟁력을 잃었다. 징더전은 유럽에
서 인기가 있는 델프트 블루 디자인을 모방한 제품도 생산함
으로써 델프트 블루 기반도 잠식했다.

유럽 자기, 부유한 국민들의 사치품

청화백자에 대한 유럽인들의 동경은 동양에 대한 신비나 아
름다움에 대한 동경이 아니라, 자신들은 도달하지 못한 첨단
기술 제품인 자기(磁器) 자체에 대한 동경이었다. 이 동경은 유

럽에서 시누아즈리(Chinoiserie) 열풍으로 표현됐다.[158] 시누아즈리를 일으킨 핵심은 청화백자에 있는 문양이었다. 유럽인들은 청화백자에 그려진 인물과 주변 풍경을 보고 중국인과 일본인의 삶을 상상했다.

한편, 자기를 제작할 수 있다면 큰 부를 거머쥘 수 있는 것이 자명했으므로 유럽 여러 나라는 그 기술을 알아내려 혈안이 됐다. 파이앙스로 도기 제품에서는 선두를 달리고 있던 프랑스는 중국에 파견한 선교사를 통해 기술을 빼내려는 산업 스파이 행위까지 했다. 하지만 누구도 자기의 태토가 흙이 아니라 바위를 깨서 만들었다는 것을 눈치채지 못했다.

1709년 유럽의 오랜 노력이 결실을 맺었다. 독일 작센 영주가 지원하는 마이센 실험실에서 유럽 최초 자기가 탄생했다. 그 뒤 한동안 마이센은 자기 제작 기술을 독점했지만, 18세기 전반기를 거치며 다른 나라들도 속속 자기 제조에 성공했다. 초기 제작된 유럽 자기는 청화백자를 그대로 흉내 낸 것이었다. 이후 유럽 자기는 다양한 형태로 발전했지만 지금도 청화백자 양식을 발전시킨 스타일이 인기인 것을 부인할 수 없다.[159]

청화백자는 매년 10만 점 이상씩 수입되어 네덜란드 가정집 거실을 꾸미고 찬장을 장식했다. 그때까지 VOC를 통해 네덜란드를 비롯한 유럽으로 수출된 청화백자는 모두 300만 점에 이를 것으로 추산된다.[160] 당시 네덜란드 전체 인구가 200만 명 정도였던 것을 감안하면 그 소비 수준을 짐작할 수 있다. 청화백자는 마욜리카보다 8배 정도 비싼 가격이었지만, 황금기를 맞은 네덜란드 국민들에게는 가능한 소비였다. 17세기 당시 소비를 나타내는 정확한 기록은 없지만, 1700년 기록으로 시골 동네 프리시아에 사는 농부도 청화백자나 최소한 마욜리카 식기와 컵을 보관하는 찬장 하나쯤은 가지고 있었다.[161]

당시 네덜란드 1인당 국민소득은 영국보다 30-40% 정도 높았을 것으로 추정된다.[162] 네덜란드 내에서 사치품에 속하는 청화백자가 일상적으로 소비될 만큼 해외 무역과 국내 상업체계의 시너지를 통해 축적된 부는 일반 국민들에게 어느 정도 균일하게 퍼져 있었다. 이렇게 국민 개개인이 가진 높은 구매력은 청화백자 외에도 다른 나라에서는 소수의 귀족들의 전유물이었던 미술품에 대한 소비로 옮겨갔다.

시민 자본의 여유,
바로크 예술을 꽃피우다

1.

독특하고 독창적인
집단 초상화 〈야경〉

암스테르담 국립미술관 영광의 회랑, 〈야경〉의 방

지나간 네덜란드 황금시대를 현대인들에게 가장 확실하게 보여주는 증거는 그림이다. 17세기 네덜란드는 세계 최고 경제력을 배경으로 회화 분야에서도 왕성한 생산력을 자랑했다. 그때 그려진 그림들은 양으로도 세계 최고였을 뿐 아니라, 수준 면에서도 걸작들이 많았다. 네덜란드 바로크 미술을 대표하는 그림으로 렘브란트[163]가 그린 〈야경〉[164]을 꼽을 수 있다. 〈야경〉이 네덜란드 바로크 미술 정점이라는 것은 이 그림이 걸려 있는 위치가 증명한다. 〈야경〉은 암스테르담 국립미술관 2층 '영광의 회랑(Eregalerij)' 이라고 불리는 중앙홀이 끝나는 정면에 마치 '제단화처럼'[165] 걸려 있다.

그림 앞에는 좀 더 가까이에서 명화를 보고 싶어 하는 관람객이 빼곡하게 둘러서 있지만 압도적인 그림 크기[166] 덕에 멀리서도 그림 속 인물들의 동작을 알아볼 수 있다. '야경의 방(Nachtwachtzaal)'이라 불리는 전시실에는 이 그림 말고도 민병대 초상화가 네 점 더 있다. 이들 민병대 초상화는 대장의 이름을 따서 제목을 붙이므로 〈야경〉도 같은 규칙으로 이름을 붙이자면 〈코크 대위의 민병대〉가 된다.

등장인물 각자와 맺은 집단 초상화 계약

〈야경〉을 감상하는 사람들의 추측과 달리, '야경'에 묘사된 장면과 같은 행진은 밤은 물론이고 낮에도 없었다.[167] 그림 제목이 '야경'으로 표기된 때는 그림을 그린 당사자인 렘브란트가 살아 있을 때가 아닌 19세기였다.[168] 후대 사람들이 이 그림에 〈야경〉라는 제목을 붙인 이유는 그림에 쓰인 키아로스쿠로 기법[169]이 주인공만 강조하고 주변을 매우 어둡게 해서 마치 밤에 행진을 하고 있는 느낌을 줬기 때문이다.

가뜩이나 어두운 그림 상태를 악화시킨 것은 그림이 걸려 있던 장소였다. 그림은 19세기 중엽 현재 위치인 암스테르담 국립미술관이 개관하며 옮겨질 때까지 100여 년 넘게 암스테르담 시청 로비에 걸려 있었다.[170] 무신경한 시청 관리자들 덕에 겨울에 실내 난방용으로 사용했던 이탄 난로에서 나오는 그을음이 날아 앉아 그림은 더 어두워졌다.[171]

애초에 〈야경〉을 그린 목적은 신축한 민병대기념관[172] 연회실 벽을 장식하기 위함이었다. 연회실 세 방향 벽에는 1640년부터 1645년에 걸쳐 각기 다른 화가 7명이 그린 7개 부대 집단 초상화가 걸렸다.[173] 그 그림들 중 〈야경〉이 단연 최고 작품으로 칭송받는 이유는 뻣뻣이 화석화된 인물들을 늘어세우는 집단 초상화 일반 기법을 무시한 렘브란트의 독창적 구도 덕분이었다. 하지만 그림이 처음 공개되었을 때 모든 사람이 그 독창성에 만족한 것은 아니어서, 그림 표현에 불만을 품은 대원 여럿이 그림값 지불을 거절했다. 따라서 이 집단 초상화를 그리면서 등장인물들 각자와 그들이 차지하는 면적과 두드러짐 정도에 따라 각기 다른 보수를 받기로 개별 계약을 맺었던[174] 렘브란트가 정해진 그림 값을 다 받았는지는 의문이다.[175]

"암스테르담 민병대는 부유한 중상류층 남성들로 구성되었다. 그들은 제대로 된 훈련을 받지 못했지만 열성적으로 참여했다. 렘브란트는 훈련받지 못한 이들의 행동을 강조하고 있다."[176] 고상한 지휘관, 훈련되지 않은 병사들, 그러나 열성

렘브란트 <야경>, 1642

적인 참여, 그리고 그림값에 대한 계약서 등 이 그림에는 황금시대 네덜란드 사회를 엿볼 수 있는 풍부한 역사적 사실들이 담겨 있다.

각자 다른 군복을 입은 20명의 병사와 12명의 엑스트라 대장인 코크 대위[177]는 그림 중앙에 검은 옷을 입고 서 있는 키 큰 남자다. 그가 입은 검정색 옷과 하얀 칼라, 그리고 빨간색 어깨띠는 암스테르담을 상징하는 세 가지 색깔이었다.[178] 그는 무언가 명령을 내리고 있는 것처럼 입을 벌리고 손을 뻗는 동작을 취하고 있다. 옆에서 그가 내리고 있는 명령을 듣고 있는 듯이 보이는 금빛 옷을 입은 사나이는 중위인 빌렘 반 루텐부르흐[179]였다. 그는 매우 작은 키를 금빛 나고 풍성한 깃털까지 달린 높은 모자로 보완하며 중앙에서 빛나고 있다. 렘브란트는 두 인물 간 외형상 불균형을 의상 빛깔을 통해 반전시켜 균형을 맞췄다.

흙먼지 날리는 긴박한 행진 가운데 가장 비현실적인 것은 이 두 사람의 잘 차려입은 의상에서 빛나는 레이스와 자수 장식이다. 코크 대위 옷에 달린 하얀 레이스 칼라는 한 올 한 올 접혀 있고, 중위가 쓴 모자에 꽂은 풍성한 깃털은 까닥까닥 흔들림이 보일 지경이다. 렘브란트는 가장 큰 돈을 지불할 두 사람이 입은 옷을 표현하는 데 자신의 특기로 유명했던 초상화 표현기법을 총동원했다.[180] 그래서 다른 인물들이 역동적인 포즈를 취하고 있는 것과는 달리 이들은 좀 느긋한 느낌을 준다.

당시 집단 초상화는 얼굴이 나오는 모든 사람이 자기가 나타나는 정도에 따라 돈을 지불했기 때문에, 남아 있는 그림 계약서를 통해 그림 속에 등장하는 인물들의 이름과 정보를 추적할 수 있다. 계약서에 이름을 남긴 사람은 모두 20명이었다. 그중 당시 사람들에게 잘 알려져 있던 두 장교를 제외한 병사 18명 이름은 그림 중앙 윗부분에 그려 넣은 방패에 새겨져 있다. 방패에 이름이 쓰인 순서는 부대 내 서열이었다.[181]

하지만 그림에 인물이 표출되는 비중이 서열에 따른 것은 아니었다. 완전히 무시된 것은 아니지만 서열과 상관없이 돈을 많이 지불할 의사가 있는 인물은 더 많은 비중으로 그림에 표현될 수 있었다. 렘브란트는 자신이 받아야 할 전체 그림값을 고려해서 화면 속 인물 비중을 조정해 배치했다.[182]

그림 전체 구도는 중앙에 있는 장교 두 사람에게 빛이 집중되면서 주변에 병사들 또는 구경꾼들이 다양한 포즈를 취하며 앞으로 전진하는 순간이다. 남아 있는 많은 민병대 집단 초상화들과 이 그림 간 차이도 여기에 있다. 다른 초상화 속 인물들이 저마다 최대한 멋진 포즈를 잡고 '동작 그만'을 하고 있는 것에 비해, 이 그림은 막 진행되고 있는 연극 무대의 한 장면을 찍은 스틸 사진 같다.

그림을 살펴보면, 중앙에 배치된 두 장교들에 비해 주변인물로 묘사된 병사들은 도저히 동일 부대라고 부르기 어려울 정도로 다양한 복장과 무기를 들고 있다. 그림이 그려진 때는

1642년인데 병사 중 몇 명은 당시에는 이미 사용하지 않는 구식 머스킷 총을 들고 있다. 더 뒤에 있는 몇 명은 로마 병사 복장을 하고 창을 들고 있다. 심지어 이들이 행진하고 있는 장소는 암스테르담 운하를 끼고 있는 담(Dam) 광장이 아니라 어떤 개선문 앞이다! 병사들은 구식과 신식이 섞인 머스킷총을 들고 서로 다른 동작을 취하고 있는데, 이것은 총을 준비하고 쏘는 연속 동작을 마치 영화 장면 한 컷씩 표현한 것과 같다.[183] 나아가 병사들이 쓰고 있는 모자는 옛 로마 시대 투구부터 당시 쓰던 헬멧까지 다양해서 유럽 병사들이 썼던 군용 모자 변천사를 보고 있는 듯하다.

그러나 이런 비현실성과 비일관성에 문제를 제기할 필요는 없다. 여기에 등장하는 누구도 이런 복장으로 행진을 한 적은 없었기 때문이다. 이들은 그림 모델이 되기 위해 한꺼번에 모인 적도 없었다. 그림 속 인물들이 보이고 있는 복장과 자세, 그리고 배경은 모두 어떤 의미를 지닌 상징일 뿐이었다.[184] 이들은 어떤 메시지를 담은 실험극 무대에 오른 배우들과 다름없었다.

그런데 이 그림에 등장하는 인물은 방패에 기록된 병사 18명과 장교 2명을 더한 20명이 아니라, 모두 34명이다. 렘브란트는 원래 초상을 그리기로 한 부대원 외에도 그림 구도를 위해 보완적인 역할을 해줄 가상 인물들을 엑스트라처럼 더 그려 넣었다. 특히 그림에는 누가 보아도 병사가 아닌 두 사람이 발견된다. 코크 대위 오른쪽 뒤에 그려진 금빛 옷을 입은 여성과 그림 왼쪽 하단에 어둡게 그려진 소년이다. 이들의 존재는 그림을 보는 사람들에게 그림 속 장면을 연출한 렘브란트의 의도를 해석하는 데 더 많은 상상을 하게 만든다.

2.

실명 기록으로 남아 있는
〈야경〉 속 인물들

기념할 만큼 명예로운 민병대원의 조건

17세기 암스테르담 민병대는 독립전쟁 직후 네덜란드 사회가
가진 남다른 특징을 보여준다. 그 실체는 직업 군인이 아니라
말 그대로 자기 직업을 가지고 군무에도 종사하는 사람들의
집단이었다. 사회 계급이면서 직업 군인으로 중세를 풍미했
던 기사는 몰락해서 자취를 감췄지만, 아직 상비군이 없었던
16세기와 17세기에 전투를 담당했던 집단은 주로 돈을 주고
산 용병이었다. 그 외에 도시를 중심으로 구성된 시민 민병대
가 있었다. 민병대는 도시를 방어하거나 치안을 유지할 목적
으로 자발적으로 구성됐다. 그럼에도 아직 중세 기사도 잔재

가 있어서 민병대 지휘관이 되는 것은 귀족이었다.

이 그림이 그려질 당시 네덜란드는 독립전쟁을 막 끝낸 참이었으므로 도시를 방어하던 민병대가 유지되고 있었다. 독립전쟁 초기 스페인과 교전이 활발할 때는 민병대도 전투에서 중요한 역할을 했고, 법적으로도 정규군과 같은 정도 의무를 지고 있었다. 하지만 종전 후 네덜란드 경제력이 상승하면서 실제 군인 역할은 돈을 주고 사온 용병이 맡게 됐고, 민병대는 사교모임에 가까워졌다.[185]

민병대는 네덜란드 주요 도시마다 길드 조직과 같은 성격으로 취급되어 운영됐다. 일반 길드가 동업 조직이라면 민병대 길드는 동거지 조직(同居地 組織)이었다. 민병대원들은 각자 직업은 다르지만 같은 동네 주민들이었다.[186] 당시 암스테르담에는 20개 민병대 조직이 구역을 정해 편성되어 있었고, 병사들은 각자 사는 구역에 따라 해당 민병대 길드에 가입했다.

민병대 이름은 사용하는 무기에 따라 나뉘고, 각자 무기를 사용하기 위한 훈련장과 회합을 위한 장소가 있었다. 조직 운영자금 상당 부분은 장교들이 조달했지만, 일반적인 길드가 그렇듯이 병사로 가입한 대원들도 회비를 냈다. 민병대원이 되려면 해당 구역에 집이 있고 직업도 있어야 했으므로 어느 정도 재산이 있는 사람만이 대원이 될 수 있었다. 이 점에서 상명하복이 확실한 현재 군대 조직 분위기와는 다르게 자율성이 높았을 것으로 짐작된다.[187] 예외적으로 부대에서 필요로 하는 기능을 가진 사람은 피고용인 신분으로 대원이 됐다.[188]

아무나 될 수 없었고, 소속감도 높았기 때문에 민병대 대원이 되는 것은 영예로운 일로 여겨졌다.[189] 귀족 입장에서 민병대에 입대할 의무는 없었지만 공화정 체제에서 민병대 장교로 복무하는 것은 선출직인 주요 관직을 얻는 데 유리하게 작용했다.[190] 민병대 대원들이 자신의 부대를 자랑스러워했다는 것은 그 시절에 그려진 많은 집단 초상화들이 증명한다. 그들은 자신이 그 부대에 속했다는 것을 증명하기 위해 요즘 기념 사진을 찍듯이 함께 있는 모습을 초상화로 남겼다.

역사에 남은 그림 의뢰자, 야심가 코크 대위

이 부대 대장인 코크 대위는 당시 37세였다. 그의 아버지는 어린 나이에 암스테르담으로 상경해 약제상으로 큰 돈을 번 뒤 시의회 의원 딸과 결혼했다. 그리고 아들에게는 귀족인 외할아버지 이름인 프란츠 배닝이라는 이름을 붙여 줬다. 코크 역시 시장과 주지사를 지낸 사람의 딸과 결혼함으로써 또 한

번 신분 상승을 이뤘다. 코크는 아버지와 장인으로부터 별호가 붙은 좋은 집도 물려받았다. 코크는 법을 공부하고 박사 학위를 받은 뒤 공직에 들어가 아버지가 닦아 준 탄탄대로를 착실히 밟아 나간 끝에 시장에 선출됐다.[191]

장교가 되는 귀족들은 거주지 제한을 받지 않았으므로 계급이 승진하면서 부대를 바꾸기도 했다. 코크도 1635년 중위로 입대하여 1642년 당시에는 그림 속 민병대를 이끄는 중대장인 대위였고, 1646년엔 암스테르담에 편성된 20개 전체 민병대를 관할하는 연대장으로 승진했다. 제대한 뒤에도 1655년 사망 시까지 민병대 운영위원으로 기여했다.

코크는 아버지 기대에 어긋나지 않게 정치적 야심이 충만한 인물이었고, 그 수단으로 예술 지원을 통해 자신을 홍보하는 법을 잘 알고 있던 사람이었다.[192] 코크는 민병대 운영위원[193]으로 재직하며 전체 민병대에 대해 더 상세한 초상화 작업을 주도했다. 〈야경〉을 그린 1642년경 그는 대위였으므로이 집단 초상화를 그릴지 말지, 또는 누구에게 그림을 의뢰할지 결정하는 위치에 있었다. 렘브란트에게 그림을 의뢰한 결정 덕에 코크는 후대에 세계적으로 이름을 알리게 됐고, 당시 민병대원들의 다양한 모습이 후대까지 생생히 남게 됐다. 더 나아가 그는 자신이 자금을 댄 미술품은 모두 별도 스케

치를 하여 남기도록 함으로써 우리가 〈야경〉 원본 그림이 어떠했는지 알 수 있도록 해줬다.[194]

기수를 미혼자가 맡았던 이유

루텐부르흐 중위의 생애도 코크 대위와 비슷했다. 그의 아버지도 도매상인으로 큰 성공을 거둔 사람이었다. 코크와 마찬가지로 그는 암스테르담 부자 동네에 있는 큰 집을 물려받았고[195] 그림을 그리기 3년 전인 1639년, 중위로 민병대에 입대했다. 하지만 그의 생애는 코크만큼 성공적이지는 않았다. 코크와 달리 그가 결혼한 여성이 평범한 집안 출신이어서 처가 도움을 받지 못했다. 결국 그는 연대장이나 시장으로 선출되는 등의 소위 '출세'를 하지는 못했다.[196]

민병대에서 장교 다음으로 중요한 보직은 기수였다. 기수는 전투가 있을 때면 항상 선두에서 부대를 이끌어야 했다. 사망 위험이 높았기 때문에 과부나 고아를 만들지 않기 위해 총각이 맡는 것이 전통이었다. 또 부대 내에서 중요한 자리였으므로 기수가 된 사람은 당연히 좋은 집안 출신이었다. 그림 속 기수 이름은 쟝 코넬리스 비스쳐[197]였다. 그는 코크 대위 오른쪽 어깨 위에서 오른손엔 노랑과 파랑 줄무늬가 있는 기를 높이 들고 왼손은 허리를 짚고 한껏 멋짐을 뽐내고 있다. 성공한 상인 집안 출신인 비스처는 직접 상업에 종사하지는 않고 음악 미술 등 예술에 취미를 보이다 40세에 미혼으로 사망했다.[198]

렘브란트는 하사관 두 명을 그림 양쪽 끝에 배치해, 중앙에서 앞서 걷고 있는 장교들과 삼각형 구도를 만들었다. 하사관들은 병사들이 흩어지지 않고 대열을 유지할 수 있도록 실제적인 통솔을 하고 있는 모습으로 표현됐다.

그림 오른쪽 끝부분에 서서 옆에 있는 병사에게 안쪽을 가리키며 명령하고 있는 하사관은 롬보트 켐프[199]이고, 중세 갑옷으로 무장한 채 창을 들고 왼쪽 난간에 걸터앉은 하사관은 라이저 엥겔렌[200]이었다. 두 사람 모두 직물상인이었지만 인생의 세부 행로는 정반대였다.

켐프는 충실하게 일곱 명 자녀를 키워내고 많은 세금을 낼 만큼 사업도 번창했으며 민병대 일에도 열심이었다. 그는 나중에 반 루텐부르흐 뒤를 이어 중위로 승진했지만 그게 끝이었다. 그의 계급 배경이 귀족이 아니라 상인이었기 때문이다. 앞서 두 장교들도 아버지는 상인으로 시민계급이었겠지만, 결혼을 통해 자식대에는 귀족으로 행세하고 있었던 점에서 차이가 있다. 다른 하사관 엥겔렌은 사업에서 사기로 벌금을 무는가 하면 젊은 여자와 염문을 뿌리는 등 평탄하지 않은 생을 살았다.

이름을 구분할 수 있는 사람과 그 외의 인물들

방패에 쓰인 이름을 통해 병사들의 삶을 재구성할 수는 있지만, 그들이 그림 속 인물 누구인지를 구분하기는 어렵다. 기수는 한 명뿐이기 때문에 구별이 가능했고, 하사관은 그들이 하사관 표식인 무기를 들고 있기 때문에 누구인지 알 수 있었다. 그리고 하사관 둘 중 누가 누구인지를 알 수 있었던 것은, 다행히 켐프가 부유한 상인이어서 단독 초상화를 남긴 덕이었다. 또 한 사람, 단독 초상화를 통해 이름을 구분할 수 있는 사람이 있는데, 코크 대위 오른쪽 옆을 따르고 있는 빨간 옷을 입은 머스킷병 뒤에 '방패를 들고 있는 옆얼굴'로 표현된 허만 야곱 보름스커그다.[201] 보름스커그 또한 직물상인이었고 켐프와 가까이 살면서 사업적으로도 연관을 맺었다.

비록 그림 속에서 구분하기는 어렵지만 나머지 병사들 이름과 기록을 통해 그들이 대부분 상인들이었다는 것은 알 수 있다. 그들 중 직물상인이 네 명 더 있었다. 그리고 여덟 명은 대마로 만든 로프를 거래하는 브로커였다. 세 명은 동인도로부터 수입되는 향신료를 취급했고, 와인상인도 두 명 있었다. 그림에 등장한 민병대원들 대부분이 상인이었다는 것은 네덜란드 시민사회가 상인을 중심으로 구성됐다는 것을 보여준다.

종교적으로 이들은 대부분 개혁교회 소속이었다. 켐프와 보름스커그는 독실한 개혁교회 신자로서 후원사업에도 열심이었다.[202] 한편 당시로서는 공식 예배가 금지되어 있던 가톨릭 신자인 야곱 디르크 드 로이[203]도 대원으로 활동했다. 드로이는 이름으로 보아 귀족 출신이지만 신교 국가인 네덜란드에서는 제대로 대우받지 못하고 병사로 입대한 것으로 보인다. 그러나 그는 부유했으므로 사회사업에 열심이었다.

그림 속엔 대원들 외에 부수적으로 그려진 사람들도 있었다. 그림 값을 내지 않고 방패에 이름을 올린 사람은 바로 오른쪽 끝에서 북을 두드리고 있는 고수였다. 그는 정식 대원이 아니라 고용된 사람이었다. 일반 시민으로 구성하면서 부대가 필요한 특정 기능을 다 채울 수 없을 때는 이렇게 고용인을 쓰기도 했다.

3.
생활 수준 향상이 불러온
화가들의 황금시대

새로운 회화의 조류, 저렴한 거실용 작품들

이탈리아에서 르네상스가 자라던 15세기와 16세기, 북유럽 경제 중심이었던 저지대에서도 회화에서 새로운 조류가 흘렀다. 저지대 경제력은 안트베르펜을 중심으로 하는 플랜더스 지방에 집중돼 있었으므로, 자연히 플랜더스가 북유럽 르네상스 중심이 됐다. 17세기 네덜란드가 꽃피운 바로크 예술은 플랜더스 전통을 자양분으로 발전했다.

그 시기 네덜란드에서 한 해 그려진 그림만도 7만 점 정도 될 것으로 추정된다. 길드에 등록해 활동하는 화가가 650명 내지 750명 정도 있었는데, 이것은 네덜란드 인구 2,000명 내지 3,000명에 한 명 꼴이었다. 르네상스기 이탈리아 화가 총 수는 310명이었고 화가 1인당 인구는 3만 명 정도였던 것과 비교해서 네덜란드의 규모를 짐작할 수 있다.[204] 이 수치 비교는 단순히 17세기 네덜란드에 그림에 대한 수요가 많았다는 의미지만, 좀 더 깊이 해석해보면, 이탈리아 화가들이 그린 그림보다 네덜란드 화가들 그림이 저렴한 대중용이었을 것이란 의미하기도 한다.

당시 네덜란드 화가들이 그렸던 그림은 거대한 교회 벽에나 걸릴 수 있는 장엄한 종교화나 역사화가 아니라, 운하를 따라 늘어선 좁고 긴 네덜란드식 주택 거실에 걸릴 소규모 작품이었다. 도시 중산층들이 가장 선호했던 그림 주제는 풍경과 풍속으로, 당시 그려진 그림 중 60% 이상을 차지했다. 땅에 대한 사랑이 컸던 네덜란드인들은 구름이 잔뜩 낀 하늘을 배경으로 나무와 풍차가 있는 시골 풍경을 거실에서 감상하길 원했다. 이와 함께 자신들이 이룬 삶의 모습을 정밀하게 그린 풍속화도 선호했다.

가장 성공한 화가 렘브란트, 가장 비전형적인 삶을 살다

네덜란드 바로크 시대를 대표하는 렘블란트는 어떤 삶을 살았을까? 렘브란트는 〈야경〉 속 병사들 뒤에 숨바꼭질하듯이 수줍게 자신의 모습을 그려 넣었다.[205] 나아가 그림 중앙에 뛰어들어 밝게 빛나고 있는 여성 얼굴은 자신의 아내 사스키아(Saskia)로 표현했다. 까금발을 하고 간신히 행진을 구경하고 있는 렘브란트에 비해 사스키아는 행진 한가운데로 뛰어들어 있다. 렘브란트는 아내의 모습을 통해 이 자랑스러운 행진에 함께하고 싶었을지도 모른다.

〈야경〉의 무대에 오른 렘브란트 부부가 겪은 가족사는 편안하지 않았다. 부유한 집안 출신이었던 사스키아는 렘브란트와 결혼해서 자녀를 여러 명 낳았지만, 장성한 아이는 마지막으로 낳은 티투스라는 아들 한 명뿐이었다. 렘브란트 부부가 결혼생활을 유지한 것은 8년뿐이었지만 그 기간 동안 렘브란트는 초상화가로, 에칭 판화가로 명성을 얻고 비싼 주문들을 많이 받았다. 경제적으로도 윤택해져서 좋은 저택을 구입하고 많은 미술품을 사 모으기도 했다.

하지만 사스키아는 렘브란트가 〈야경〉을 그리던 시기에 병석에 있었다. 렘브란트는 병석에 있는 아내의 쾌유를 빌며 주문을 외우듯이 〈야경〉 속에 사스키아를 천사의 모습으로 그려 넣었다. 하지만 회심의 역작이었던 〈야경〉은 발표 당시 좋은 평가를 받지 못했고, 같은 해 사스키아도 사망했다.

이 해를 기점으로 렘브란트에게 오는 그림 주문량이 급감

했다. 일명 '빛의 화가'라고 부를 만큼 렘브란트는 인물 얼굴에 적절한 빛을 비추는 독특한 기법을 썼다. 이 기법은 그가 성공 가도를 달리던 시기에는 찬사의 대상이었지만, 만년에는 대중성을 상실하는 요인이 됐다. 의뢰자는 아무래도 자신의 좋은 점만 부각해서 그림을 남기고 싶을 텐데, 그림 중심에서 밝고 상세하게 표현된 인물들에는 치부까지도 그대로 드러났기 때문이다. 더구나 그의 작업 속도는 너무 느렸다.

그럼에도 불구하고 렘브란트는 아내를 잃은 슬픔에 수집벽이 더 심해져서 모아둔 돈을 거의 탕진해 버렸다. 사스키아 유산을 상속받았지만, 렘브란트가 재혼을 하면 받을 수 없는 조건부였다. 이 조건 때문에 렘브란트는 평생 재혼하지 못하고 사실혼 관계만 가졌다. 그는 사실혼 관계인 여성 사이에서 딸을 낳았지만 끝내 인정하지 않았다. 이와 같이 렘브란트는 그 시대 가장 전형적인 성공한 화가 모습과 가장 비전형적인 삶의 태도를 동시에 표출했다.

그 시대 삶에서 큰 비중을 차지하고 있던 종교에 대한 렘브란트의 태도는 한마디로 규정하기 어려운 복잡성을 보였다. 레이덴에서 풍차 방앗간을 운영했던 렘브란트 아버지는 개혁교회 신자였지만, 어머니는 가톨릭 신자였다. 그가 결혼한 사스키아는 강성 개혁교회 본산인 프리슬란드 출신이었다. 렘브란트는 형식적으로 아버지 종교를 따라 개혁교회 신자로 행세했지만,[206] 실제로는 어머니의 종교 생활에서 더 많은 영향을 받았다. 그는 어머니를 모델로 〈성녀 안나〉[207]를 그렸는데, 그림 속 안나가 읽고 있는 구약성서는 가톨릭 이미지를 준다.

24세 렘브란트가 레이덴을 떠나 암스테르담으로 옮긴 이유 중 하나는 암스테르담이 가진 관용 분위기 때문이었다.[208] 이런 조건들은 그가 평생 종교 분야에서 보인 태도를 해석하는 데 고려해 볼 만하다. 그는 황금시대 네덜란드 화가로는 드물게 가톨릭 교회 특징인 종교화를 많이 그렸고, 유대인 지구와 가까운 지역에 살며 유대인들과 돈독한 관계를 맺었다. 또한 그는 평생 어떤 교회에든 지속적으로 소속되지는 않았다.

렘브란트는 세계 미술사에 이름을 올린 유명 화가 중 가장 많은 자화상을 그린 화가이기도 했다. 70여 점[209]에 이르는 자화상을 제작 순서로 감상하면 20대 자신만만한 청년에서 60대 노인까지 그의 일대기가 다큐멘터리처럼 정리된다. 만년의 그에게는 더 이상 초상화를 주문하고 그의 느린 작업을 견뎌 줄 주문자는 없었다. 대신 그는 스스로 대상이 되어 자신이 원하는 충분한 시간을 두고 그림을 완성할 수 있는 방법을 찾았다. 바로 자화상을 그리는 것이었다.

현대인들의 사랑을 받는 화가 베르메르의 그림이 작은 이유
당시 네덜란드 미술의 정점으로 꼽히는 사람은 단연 렘브란트이지만, 현대인들에게 더 인기가 있는 사람은 베르메르[210]일 수 있다. 베르메르는 델프트에서 직조공 아들로 태어났다. 그는 가톨릭 신자인 여성과 결혼해서 그 자신도 가톨릭으로 개종했다. 현재 남아 있는 베르메르 작품은 37점에 불과한데, 그림 성향을 보면 베르메르는 풍속화가였다고 할 수 있다.

베르메르 대표작 중 하나로 1668년 그린 〈회화의 기술, 알레고리〉[211]를 보자. 그림 속 주인공은 화면에 뒷모습을 보이고 그림을 그리고 있는 화가다. 붓을 들고 뒤돌아 앉아 캔버스를 바라보고 있는 화가는 화면상 다른 어떤 대상보다 중심에, 비례 원리를 무시하면서 크게 부각돼 있다. 화가는 베르메르 그림 속에 자주 등장하는 파란 옷을 입은 여성 모델을 그리고 있다. 벽에는 지도가 걸려 있다. 뒷날 이 그림에 제목을 붙인 사람은 뒷모습으로 자화상을 남긴 베르메르의 의도를 잘 이해했던 듯싶다.

그림 속 여자가 입고 있는 옷 색깔인 파란색을 낸 물감 재료는 당시에 아프가니스탄에서만 나는 울트라마린블루라는

준보석이었다. 당연히 금은을 제외하고는 가장 비싼 재료였다. 파란색을 내는 다른 돌들도 있었지만 베르메르는 파란색을 낼 때 꼭 이 물감을 사용했다. 그리고 대부분 그림에 파란 옷을 입은 여인을 배치했다. 이것은 베르메르가 그림을 그리면서 누린 사치였고, 그의 그림이 작아질 수밖에 없는 이유였다. 안료 물감을 구하기 어렵고 재료가 비쌌던 당시에 화폭 크기는 그것 자체로 그림값을 올리는 요인이었다.

하지만 예외적으로 이 그림은 꽤 크다.[212] 베르메르는 이 그림을 생전에 팔지 않고 간직했다. 베르메르가 죽은 뒤 이 그림을 물려받은 미망인도 그림을 팔지 않으려 노력했다. 하지만 재정 상태가 좋지 않았기 때문에 그림들은 모두 경매에 붙여졌다. 이것이 최근까지도 그가 그린 그림들이 '발견'되는 이유이다.

초상화가 할스, 풍경화가 호이엔

당시 화가들은 치열한 경쟁 속에 있었기 때문에 한 종류 장르화에 특화된 그림을 집중해서 그렸다. 그래서 그들은 풍경화가, 초상화가, 풍속화가, 역사화가 등 자신이 그리는 전문 분야를 세밀하게 구분했다.[213] 각 분야별로 당대를 대표하는 화가들을 꼽자면, 역사화가와 초상화가로 불릴 수 있는 렘브란트 외 초상화가 할스, 풍경화가 호이엔, 풍속화가 스텐과 호흐 등이다.

이들 중 출생이 가장 빠른 할스[214]는 안트베르펜에서 태어났지만, 1585년 안트베르펜 봉쇄 때 부모가 하를렘으로 이주해서 그곳을 고향 삼아 자랐다. 할스 아버지는 직물상인이었고, 가톨릭 신자였다. 그의 결혼증명서가 교회가 아닌 시청에 보관됐다는 것은 그가 가톨릭교를 고수했다 것을 의미한다. 가톨릭 교도임에도 할스는 화가 길드에 가입할 수 있었고 그림을 그려 생활할 수 있었다. 그의 이력을 통해 네덜란드 사회에서 가톨릭 교도들이 함께 공존할 수 있었다는 것을 간접적으로 알 수 있다.

할스는 초상화 분야에 특화된 화가였다. 초상화는 주문에 의해 제작되므로 주문자만 만족시킨다면 사회적 흐름과는 무관할 수 있었다. 그 자신 가톨릭 교도였고 그림에 가톨릭적인 색채가 강했는데 이런 특징으로 그는 나름 고객군을 유치했다. 네덜란드에도 가톨릭 교도가 많이 남아 있었고, 불확실한 국경 건너 스페인령 저지대에는 그의 작품을 사 줄 부유한 가톨릭 교도들이 많았기 때문이다.

할스가 그린 〈양로원 여성 후원자〉[215]는 공적 직무를 맡고 있는 여성 집단 초상화로는 드물게 남아 있는 작품이다. 이

그림은 여성들이 사회활동을 기념하는 단체 초상화 주인공
이라는 점에서 특이하다. 가족화가 아닌 단체 초상화는 자
신들이 이룬 사회적인 성과와 위치를 기념하는 것이었으므
로 당연히 남성의 영역이었다. 또 다른 특징으로 이 초상화
속 여성들은 부잣집 마나님들일 것이 분명했지만, 모두 소박
한 검은 드레스를 입고 있다는 점을 들 수 있다. 당시 사람들
은 재산이 많아도 캘빈 파가 추구한 청빈을 실천하며 살아야
했으므로, 언뜻 옷 입은 것만을 보아서는 부유함을 가늠하기
어려웠다.

풍경화가 호이엔[216]은 레이덴 태생 구두공 아들로, 1,200점
에 이르는 그림을 남겼을 정도로 다작을 했던 화가였다. 이런
다작이 가능했던 것은 그가 채용한 기법이 색을 단순화해서
흑백사진과 같은 그림을 그렸기 때문이다. 단순한 색으로 얇
게 붓질을 하는 방법으로 그는 하루에 한 작품을 완성할 정
도로 빠르게 작업했다. 대신 그림값도 저렴해서 일반 소비자
가 접근하기에 적당한 금액이었다.[217]

대표작 중 하나인 〈두 그루의 참나무가 있는 풍경〉[218]을 보
면, 최소 물감색을 사용했으면서도 네덜란드 자연을 실감나
게 표현하고 있는 것을 알 수 있다. 그림에서 화면 90%를 차
지하는 흐린 하늘을 배경으로 우측에 커다란 참나무가 있고

호이엔 <두 그루의 참나무가 있는 풍경>, 1641

그 나무 밑에 나그네 두 사람이 있다. 아주 작게 그려진 두 사람이 입은 옷에 칠한 파랑과 붉은 색 외에 전체 풍경은 푸르스름한 회색 톤에 명암 차이만이 느껴진다. 이 그림과 같이 호이엔은 유난히 넓은 하늘과 수로가 있는 풍경이 있는 그림을 많이 그렸다. 이것은 그가 살았던 헤이그 근교 실경이기도 했지만, 그림을 빠르게 완성할 수 있는 방편이기도 했다.

동정과 자선, 황금시대 시민의 의무
레이덴 태생으로 호이엔 제자였던 스텐[219]은 나중에 호이엔

사위가 됐다. 그는 가톨릭 신자인 맥주 제조자 아들로 태어났다. 스텐은 네덜란드인이 살아가는 일상 모습을 가장 많이 그린 풍속화가였고, 인기가 있어서 비싼 값을 받는 그림을 그렸다. 화가 경력에서 그가 가톨릭 교도였다는 것이 장애가 된 흔적은 없다. 그는 말년에 레이텐 화가 길드 의장을 지내기도 했다.

스텐 작품 중 〈델프트 신사와 그의 딸〉[220]을 보자. 이 그림에 등장하는 인물은 옥수수를 취급하는 상인이었던 부유한 시민계급 남자와 그의 딸이었다. 하지만 부녀 모두 화려한 옷을 입고 있지는 않다. 이 그림에는 주인공 부녀만큼이나 큰 비중으로 그들에게 구걸하는 여자와 아이 모습이 그려져 있다. 화면 중앙에 다리를 쩍 벌리고 앉아 있는 남자의 눈길은 구걸하는 여성을 향해 있다. 표정에서 동정심을 읽을 수는 없지만, 그가 곧 그 여자 거지에게 약간의 자선을 베풀 것이란 느낌은 든다. 남자를 향해 손을 내밀고 있는 여자 거지 얼굴은 볼살 없이 광대뼈가 튀어나오고 피부는 거무스름한 것이 영양 부족으로 보인다. 여자 거지 옆에는 아들로 보이는 거지 아이도 있다. 그림은 네덜란드 사회에서 부자와 가난한 사람이 가지는 서로간 태도에 대한 상징을 보여준다. 거지 여자는 동냥을 위해 지나치게 굽신거리지 않는다. 오히려 나를

스텐 <델프트 신사와 그의 딸>, 1655

돕는 것은 당신의 의무라고 얘기하는 듯하다.

실제로 황금시대 네덜란드 사회에서 가난한 사람, 또는 불행에 빠진 사람에 대한 동정과 자선은 시민으로서 의무였다. 가톨릭 교회 전통으로 내려오는 일곱 가지 자선 행위[221]는 개혁교회에서도 중요하게 여겨졌다. 학교를 세워 신앙을 아이들에게 전수하는 데 공을 들인 네덜란드 교회 분파들은 자선행위에서도 경쟁적이었다. 특히 신자 중에 발생하는 과부와 고아들을 거두고 지원하는 일에 힘썼다. 고아의 경우 지역 교회가 운영하는 고아원으로 보내졌다. 네덜란드에서 고아로 산다는 것은 올리버 트위스트에 나오는 지옥 같은 삶은 아니었다. 사회적으로 고아가 차별받지 않도록 세심한 주의를 기울였고 교육 기회도 똑같이 주어졌기 때문이다.

17세기에도 여전히 흑사병이 휩쓸고 지나가거나 불안정한 해외 활동에 나가는 사람들이 많았으므로 언제라도 과부나 고아가 생길 수 있었다. 이렇게 생긴 과부와 고아들을 보호하는 사회장치는 우선 상속 관리였다. 부부 중 한 사람 또는 모두 사망한 경우 남겨진 가족에 대한 재산 상속은 공적으로 철저히 관리됐다. 한 예로, 무명 작가였던 베르메르 생애를 후대에 어느 정도 복원할 수 있었던 자료 중 중요한 것이 유산목록이었다. 그가 죽은 후 미망인이 상속받은 그림을 처분하고 받은 대금 목록도 남아 있다.

개혁교회의 가치와 이상을 형상화한 풍속화가, 호흐

또 다른 풍속화가인 호흐[222]는 벽돌공 아들로 로테르담에서 태어났다. 여기에 소개하는 다섯 명 화가 중 유일하게 가톨릭교와 인연이 없고, 상인이 아닌 노동계급 아들이었다. 넉넉

호흐 <젖을 먹이는 어머니와 아이를 데리고 있는 하녀>, 1663

지 못한 가정 환경 탓에 그는 젊은 시절 화가가 되기 위한 수련을 하는 기간에도 부유한 상인 비서로 일했다.

호흐가 그린 <젖을 먹이는 어머니와 아이를 데리고 있는 하녀>[223] 속에는 오른쪽에 앉아서 갓난아이에게 젖을 주는 안주인이 있고 왼편에 대여섯 살 정도 되어 보이는 여자아이 손을 잡은 하녀가 보인다. 두 명의 아이와 안주인, 그리고 하녀는 당시 네덜란드 도시민의 전형적인 가족 구성이었다. 이 그림 외에도 호흐 풍속화에는 주인 가족과 함께 하녀가 등장하는 그림이 여러 점 있다. 공통적으로 하녀는 여주인 옷보다는 조금 못해 보이는 옷을 입고 있을 뿐, 태도나 표정은 당당하고 자기 일을 열심히 하고 있다는 느낌을 준다. 여주인과 하녀는 역할이 다를 뿐 집안일을 나눠 하는 모습이다.

여기서 한 가지 짚고 넘어갈 것이 있다. 비록 호흐가 그린 풍속화들이 매우 사실적으로 묘사되어 있지만, 실제 가정 풍경을 보고 그대로 그렸다고 생각하면 오산이다. 호흐를 비롯해서 당시 그려진 풍속화들은 종교화의 다른 형태로 보는 것이 타당하다. 가톨릭 성화가 주로 성경에 나온 성인 에피소드를 형상화했다면, 17세기 네덜란드 풍속화는 개혁교회가 추구하는 가치와 이상을 형상화했다. 배경으로 그려지는 모든 것, 그들이 들고 있는 악기나 술잔과 같은 물건들, 의자나 탁자와 같은 가구들, 벽에 걸린 그림들, 양탄자와 같은 기타 소품들까지 모두 어떤 교훈적인 의미를 지니고 그려 넣어졌다. 당시 사람들은 이런 풍속화 속 어떤 행위나 물건을 보면 그것이 무엇을 의미하는지 바로 알아봤다.

풍속화 속에는 의도적으로 교훈적인 의미와 상징이 담겼지만, 한편으로 이것이 당시 네덜란드인들이 사는 모습과 아주 동떨어진 것은 아니었다. 네덜란드 사회는 결혼을 통해 형성된 가정과 어머니로서 여성 역할을 중시했다.[224] 플랜더스 시절까지만 해도 그림 속에서 아이를 안고 젖을 주는 사람은 성모 마리아였지만, 네덜란드에서는 그 성스러운 일을 일반 여성들이 하는 것으로 묘사됐다. 또한 그림 속에 그려진 집 안 내부 모습은 똑같지는 않아도 실재하는 것이었다.

네덜란드에서 직업 화가로 산다는 것

이 장에서 소개한 화가들 중 호흐를 제외한 이들은 경제적으로나 신분으로 중류층에 속했다.[225] 그리고 모두 지금으로 치면 고등학교 이상 교육을 받았다. 렘브란트와 스텐은 레이던 대학교에서 잠깐 수학하기도 했다. 부모들은 아들들에게 화가로서 재능이 있음을 알고 유명 화가 작업실에 보내 도제로서 수련하게 했다. 당시 화가는 상인만큼이나 돈을 잘 벌 수 있는 유망한 직업이었으므로 그들이 가업을 잇지 않고 화가가 된 것을 이해할 수 있다.

한편, 화가 중 여러 명이 어떤 방식으로든 가톨릭과 연결된다는 사실도 눈여겨볼 만하다. 네덜란드는 국교로 캘빈 파 개혁교회만을 인정했지만, 개종하지 않고 가톨릭 교도로 고향에 눌러 사는 사람들도 많았고, 할스와 같이 저지대 다른 지역에서 피난 온 사람도 있었다. 그렇다 보니 네덜란드인 중 30% 정도는 여전히 가톨릭 교도로 남았다. 웬만한 네덜란드인은 본가가 아니어도 외가나 처가 등 가계 어떤 계통에서든 아직 가톨릭을 고수하는 집안과 연결될 수밖에 없는 여건이었다.

　개혁교회가 독립을 쟁취하고 국교로 자리 잡을 때까지는 종파 간 반목과 유혈 충돌이 있었지만 시간이 지나며 사회는 안정되어 갔다. 개혁교회를 기준으로 이교도였던 이들도 자신의 신앙을 지키며 일정 정도 생활 수준을 유지하면서 함께 살아갈 수 있었던 것은 네덜란드 사회가 키워 온 관용정신 덕이었다.

VI

네덜란드의 관용,
실용을 위한 포용정신

1.

관용의 씨앗,
상인들의 인본주의

에라스무스 vs 루터, 성서 해석의 차이

네덜란드인들의 관용에 대해 말하려면, 다시 건국 초기로 거
슬러 올라가야 한다.

네덜란드가 건국 초기 관용 노선을 택한 것은 독립전쟁
지도자 침묵공 빌렘의 영향 때문이었다. 루터 파에서 가톨릭
으로, 그리고 다시 캘빈 파가 되었던 빌렘은 어떤 종파든 교
리 이면에는 인간에 대한 존중이 있음을 믿었다. 그가 가진
인간존중 사상은 로테르담 출신 사제 에라스무스[226]에서 유
래한 것으로, 이 사상은 저지대 레헨트들과 지식인들이 폭넓
게 받아들이고 있었다.

인본주의(Hunmanism)는 중세 말기 신학과 철학의 경계에서 인간에 대해 재발견하는 사상적, 실천적 흐름을 광범위하게 지칭하는 말이다. 이 사상 선두에 15세기 말에서 16세기 초반 시기를 산 에라스무스가 있다. 사제였던 그는 평생 가톨릭 교회 틀을 벗어나지 않았지만, 가톨릭 교회라는 그릇은 그의 사고의 폭을 모두 담을 수 없었다. 그는 신을 믿는 모든 행위에 내재한 인간 개인에 대해 사고했다.[227] 또한 그는 기존 가톨릭 교회가 저지르는 부정과 지나친 억압을 못 견뎌하고 비난했다. 그가 가장 강하게 비판한 것은 신을 중심으로만 해석하는 성서 해석 방식이었다.[228]

이런 에라스무스는 동시대를 살았던 사제 루터[229]와 비교된다. 에라스무스가 『우신예찬』[230]을 발간한 것은 1511년이었고, 루터가 95개조 반박문을 발표한 것은 1517년이었다. 두 사람은 같은 시대를 살면서 같은 현상을 보고, 같은 문제의식을 가졌지만, 그것을 표현하는 방법은 전혀 달랐다. 한 사람은 가톨릭 사제직을 유지하며 풍자로 비판했고, 한 사람은 문제를 조목조목 지적하고는 사제직을 버리고 가톨릭 교회 밖으로 뛰쳐나갔다.

루터는 에라스무스가 가진 생각이 자신과 일치함을 믿고 에라스무스가 개혁 진영에 동참하기를 간청했다. 하지만 당시 유럽 최고 지성으로 존경받았던 에라스무스는 시골 사제 루터와 한 배를 타지 않았다.[231] 루터에게 중요한 것은 종교라는 틀이었지만, 에라스무스에게 중요한 것은 그 종교를 받아들이는 인간 자체였기 때문이다.[232]

에라스무스가 루터와 함께하지 않은 이유는 흔히 오해되듯이 에라스무스가 가톨릭을 버리는 것을 주저해서라기보다는, 루터가 주장하는 도그마의 견고함 때문이었다. 에라스무스는 루터가 새로 만든 교리도 가톨릭 교회와 마찬가지로 또다른 획일주의를 만들 것이라 염려했다.[233] 루터는 이런 에라스무스를 변덕스러운 프로테우스라고 비난하고 결별했다.[234]

종파를 초월하는 저지대의 유연성

종교개혁 과정에서 에라스무스가 취한 입장은 객관적이고 관조적이었다. 이것은 당시 지식인들에게 폭넓게 영향을 주어 그들이 지닌 종교관에 넓은 중립지대를 만들어 놓았다. 인간이 가진 기본 심성은 도덕적이고 순수하다는 에라스무스 인본주의 정신은 저지대 지역에서는 새로운 경향으로 학습됐다.[235] 라틴어로만 저술된 에라스무스 저작들은 고급 학자들뿐 아니라 요즘 초등학교에 해당하는 라틴어 학교에서 가르쳤을 정도로 사회 저변에 넓게 전파됐다.[236] 빌렘이 스페인과 독립전쟁을 벌였을 때 저지대의 지도자들은 종파와 상관없이 독립 기치 아래 모였다. 이것은 이들이 종파 이전에 에라스무스 사상으로 일체감을 가지고 있었기에 가능한 것이었다.

독립 후 개혁교회는 매우 강한 교리로 네덜란드 사회를 규율했지만, 사회 구성원들 머릿속에 이미 심어져 있는 인본사상까지 완전히 제거할 수는 없었다. 네덜란드인들 스스로는 개혁교회 교리에 따라 청빈하고 결백하게 살았지만, 그렇지 않은 타인의 생각도 존중하는 현실적인 태도로 관용을 실천했다.

귀족과 부르주아의 합체, 레헨트의 개방성

공화국 네덜란드를 지배했던 귀족 계급인 레헨트(regent)는 세습 귀족이었지만 중세 영주가 아니라 도시에 사는 자산가에 가까웠다. 이런 경향은 저지대가 중세 후기 이후 북유럽 상공업 중심지였기 때문에 가능했던 것으로, 신성로마제국 속주였을 때부터 이어져 온 전통이었다. 따라서 레헨트와 도시를 중심으로 형성된 부르헤(burger)라고 불린 시민계급은 서로 갈등하는 사이가 아니라 사업상 동업자였다. 레헨트와 부르헤는 상업과 경제적인 실리를 중심으로 서로 얽혀서 공존했다. 네덜란드에서는 경제력을 얻는 방법이 토지가 아니라 상업이었으므로 시민계급은 굳이 공직을 얻고자 노력하지 않았다는 점도 계급 간 갈등의 여지를 줄였다.[237] 이것은 같은 기간 프랑스에서 귀족과 브르주아가 갈등했던 사례와 비교하면 확연한 차이를 알 수 있다.

레헨트는 네덜란드 전체를 대표하는 연방의회를 비롯해 각 주 의회, 도시 시장들과 기타 행정기구에 종사하는 고위 관료를 지칭하는 명칭이기도 했다. 이런 자리에는 레헨트 출신이 임명되는 일이 많았지만, 선거를 거치는 자리나 특별한 능력이 필요한 자리는 시민계급 출신이라도 임명될 수 있었다. 한 번 관료에 임명되면 그 후손들은 레헨트로 자리 잡았다. 자연히 레헨트와 부르헤 경계는 엄격하지 않아, 레헨트 지위는 고정된 것이 아니라 재능과 부를 통해 취득이 가능한 것으로 인식됐다.[238]

레헨트가 누린 권위는 그들이 네덜란드 독립 과정에서 주도적인 역할을 하면서 얻어진 것이기도 했다. 레헨트들은 스페인과의 지난한 전쟁에 앞장서 직접 피를 흘렸을 뿐 아니라 군비를 대기 위해 재산을 털었다. 그리고 스스로 개신교로 개종함으로써 네덜란드에서 종교개혁을 이끈 것도 레헨트였다. 이렇게 그들은 황금시대 내내 공화국에서 지배계급으로서 지위를 잃지 않고 국가운영을 주도했다.

네덜란드가 가진 강한 지방분권 현상 뒤에도 레헨트의 작용이 컸다.[239] 공화국 내내 각 주는 자신들의 지역을 운영하는데 거의 완벽한 독립성을 유지했다. 독립된 도시들에는 레헨트 협의체가 있었는데, 이들은 주로 그 도시 유력 가문을 배경으로 한 사람들이었다. 농촌 지역은 여전히 중세적인 시골 영주 같은 레헨트가 존재하기도 했다.[240]

2.

항명과 분단,
관용 없는 투쟁의 상처

개신교 종파들의 권력 투쟁

저지대는 독립 이전부터 개신교 여러 종파가 각축하는 땅이
었다. 처음 저지대에 전파된 개신교 종파는 독일 루터 파였
다. 루터의 교리는 에라스무스 인본주의자들인 저지대 지식
인들에게 쉽게 수용되었다.[241] 그 뒤에 프랑스 위그노들을 통
해 캘빈 파가 급속히 퍼졌다. 독립전쟁에서 캘빈 파는 가톨
릭 레헨트들과 협력해서 저지대 전체를 영토로 하는 관용적
국가를 만드는 것보다는, 반쪽 국가라도 개신교 교리만을 구
현하고자 했다. 1572년 스페인에 저항하기 위해 뭉친 저지
대 레헨트들이 종교적 관용을 천명했지만, 1573년부터는 캘

빈 파의 반발로 독립군에서 가톨릭 레헨트들이 배척되어 갔다.[242]

캘빈 파는 독립전쟁에 기여한 것을 토대로 정국 주도권을 쥐었고, 즉시 루터 파와 재세례 파 등 다른 종파와의 권력투쟁에 들어갔다. 빌렘이 중간에 암살되지 않고 네덜란드가 저지대 전체를 영토로 완전히 독립했다면, 그의 마지막 독립투쟁은 캘빈 파 교리에 대항해서 인본주의를 쟁취하는 투쟁이 됐을 것이다. 따라서 빌렘 사후 개혁교회가 그를 회색분자로 비난하면서 저주했던 것도 연유가 있었던 셈이다.

재세례 파는 캘빈 파와 비슷한 시기에 독일에서 유입되었다. 재세례 파는 명칭 그대로 유아 세례를 인정하지 않고 성인이 되어 스스로 신앙고백을 할 수 있는 단계에서 세례를 받아야 한다고 주장했다. 유아 세례를 중시하는 캘빈 파와는 교리적으로 공존할 수 없는 종파였다. 재세례 파는 루터 파를 인정한 독일에서 핍박을 받고 종교적 관용을 기대해서 네덜란드로 이주한 사람들이었다. 그들의 전교 방식은 캘빈 파보다 더 저돌적이어서 저지대에서도 급속히 세를 불렸다.[243] 캘빈 파가 저지대 민중들의 마음을 사로잡을 수 있었던 이유가 스페인에 대한 저항정신 때문이었다고 해석한다면, 재세례 파 전도 방식이 저지대에 더 적합할 수도 있었다. 당연히 캘빈 파에게 재세례 파는 강력한 라이벌일 수밖에 없었으므로 캘빈 파는 권력을 잡은 후 내내 재세례 파를 가톨릭보다 더 적대시하며 박해했다.

권력 굳히기 투쟁, 공격에서 방어로

캘빈 파가 네덜란드 공교회가 된 것은 개신교 다른 종파와의 투쟁에서 승리했음을 의미했다. 하지만 일단 국교가 되어 기간체제로 굳어진 순간부터 이제는 기득권자로서 타 종파의 도전에 직면하게 됐다. 더구나 에라스무스가 루터의 도그마에 거부감을 가졌듯이, 에라스무스 인본주의자인 네덜란드인들도 굳은 도그마를 그대로 받아들이기 어려웠다. 그러므로 개혁교회 입장에서는 이제 자신들을 제외한 모든 교리들, 즉 이단들과 전쟁을 시작해야 했다. 또한 개혁교회 목사들은 자신들의 교리가 가진 순결성을 지키기 위해 레헨트들에 깊이 뿌리박힌 관용주의와도 투쟁해야 했다.

개혁교회 체계는 가톨릭 서열 체계인 계서제(hierarchy)를 부정하고 평등을 강조했다. 그러므로 네덜란드 전체를 관장하는 교회 조직이나 수장이 존재하지 않는 대신 지역 대표들이 모여 의견을 수렴하는 형식을 취했다. 그러므로 교회 조직은 네덜란드 지역성과 강하게 결합했다.[244] 개혁교회는 각

주 운영에 중요한 역할을 담당했지만, 동시에 교회가 보이는 태도나 성향도 각 주 여건이나 레헨트 성향에 영향을 받는 구조였다. 개혁교회가 가진 선명성과 지역 레헨트가 가진 관용주의는 어떤 형태이든 타협할 수밖에 없었다.

개혁교회 권력화에 반기 든 항명자들

개혁교회는 타 종파 신자들에게 공직 금지, 상거래 제한과 같이 여러 가지 불이익을 주는 방법으로 차별했지만, 옛 스페인 통치 시절과 같이 극단적으로 처형을 하는 등 물리적 박해를 하지는 않았다. 그 당시 유럽 다른 나라들에서 자행되었던 타 종파에 대한 탄압에 비하면 이 정도 태도를 취하는 것도 '관용적'이었다. 하지만 개혁교회 내부에서 교리에 반기를 드는 행위가 발생했을 때는 처형이라는 최후의 수단을 동원해 싹을 잘라 버려야 했다.

레헨트들이 품은 관용주의는 개혁교회가 떠받드는 캘빈식 성서 해석과는 다른, 새로운 해석도 그것이 합리적이라면 받아들일 준비가 되어 있었고, 그 가능성은 17세기 초 현실화됐다. 독립전쟁 중 빌렘이 세운 자유의 보루, 레이덴 대학교 출신으로 1603년 교수가 된 캘빈 파 목사 아르미니우스[245]는 캘빈 교리 중 가장 기본이 되는 예정설에 반기를 들었다. 예수가 죽음으로써 구원을 받을 사람은 이미 정해져 있다는 캘빈 생각과 달리, 그는 예수는 모든 사람을 위해 죽었으므로 구원 가능성도 모두에게 열려 있다고 해석했다.[246] 그 주장은 에라스무스 정신을 바탕으로 발현된 것이어서 네덜란드 지식인 사회에 빠르게 흡수되고 호응을 얻었다.[247]

아르미니우스 사후인 1610년, 그에 동조했던 우텐보하르트[248]주도로 개혁교회가 설파하는 교리가 가진 문제점을 지적하는 항의문이 공개됐다.[249] 이후 그들에게는 항명파[250]라는 별칭이 붙었다. 항명파가 지적한 문제점은 캘빈 교리만이 아니었다. 그들은 개혁교회가 점차 중앙집권화되어 개별 교회에 관여하는 권력자로 작용하는 것에도 반기를 들었다.

상인들의 항명파 지원

보다 관용적이고 지역중심주의를 표방하는 항명파 교리는 홀란드 상인 계층이 특히 추구하는 바였다. 항명파가 등장한 때는 스페인과 휴전 협정을 체결한 직후였다. 네덜란드 경제가 평화를 누리며 황금시대의 꽃이 피던 시기였으며, 상인의 입지가 상승하던 시기였다. 상인들은 종교개혁 시기에 새로운 정신이었던 개신교를 적극적으로 받아들였듯이, 개혁교회가 유일한 정통파가 된 뒤에는 또 다른 사상을 받아들이는 데 거부감이 없었다.

홀란드 행정장관이었던 올덴바르네펠트는 신앙적으로는 캘빈 파에 속했지만, 정치적인 이유로 항명파를 지원했다. 그는 VOC 설립을 주도했을 정도로 홀란드 상인 세력에 막강한 영향력을 가지고 있었다. 그가 추구한 노선은 각 주별 독립성을 인정하는 선에서 휴전으로 얻은 기회를 살려, 대외적인 경제 팽창을 도모하는 것이었다. 그런 지향과 항명파 교리는 잘 부합했다. 항명파는 스페인 속주로 남아 있던 남부 저지대 가톨릭 세력과도 연대했다. 사실 상인들은 사업상 남부와 여전히 교류하고 있었기 때문에 어찌 보면 자연스러운 현상이었다.

이런 올덴바르네펠트 정책은 스페인과 전쟁을 승리로 이끌어 저지대 전체를 통일하는 것을 숙원으로 삼고 있던 빌렘의 아들 마우리츠가 지향하는 바와는 대치되는 것이었다.

보수파의 승리와 불가능한 관용

그 사이 캘빈 파는 반항명파를 구성하여 반격에 나섰다. 항명파와 반항명파 대립은 격화되었다. 항명파를 지지하는 지역에서는 반항명파 목사를 거부하고, 그 반대의 경우도 발생하면서 네덜란드 전체를 분열시켰다. 이 문제를 해결하기 위해 반항명파는 회합을 갖고 공개토론을 하기로 했다. 하지만 회합을 위해 모이기 이전부터 이미 판세는 반항명파 논리로 기울어 있었다. 왜냐하면 마리우츠가 군사력을 배경으로 반항명파를 지지하는 무력 시위를 했기 때문이다.

강압적인 분위기 속에서 1618-9년 캘빈 파는 도르트레히트에 총집결했다. 이 회합을 통해 1609년 결의된 도르트 신조[251]에는 항명파가 지적한 개혁교회 교리상 문제점을 "이유 없음"으로 기각하고, 앞으로 더 이상 교리에 이의를 제기하는 것은 이단임을 선언했다.[252] 10년에 걸친 이념 논쟁에서 개혁교회 보수파가 승리한 순간이었다.

국교에 반대하는 이단은 용납될 수 없었으므로 항명파에 대한 대대적인 탄압이 진행됐다. 항명파 지도자로 지목된 올덴바르네펠트는 이단으로 몰려 제대로 된 재판도 받지 못한 상태에서 참수됐다. 올덴바르네펠트를 도왔던 그로티우스는 종신형을 선고받는 등 항명파에 가담했던 사람은 모두 공직에서 제거됐다. 네덜란드 전국에서 항명파 목사들은 모두 쫓겨났다. 개혁교회에게 항명파는 가깝고 실재하는 적이었으므로 그들에게 관용은 불가능했다. 이 사건으로 개혁교회와 남부 저지대 가톨릭은 다시 화합할 여지가 없어져 버렸다. 이것은 200년 뒤 네덜란드 왕국이 저지대를 통합했을 때, 남부 지역이 반기를 들고 벨기에로 독립해 나간 원인이 됐다.

평화주의자였던 올덴바르네펠트를 제거한 마우리츠는 1621년 휴전 협정을 깨고 스페인과 다시 전쟁에 돌입했다. 하지만 마우리츠는 1625년 저지대 통일을 끝내 이루지 못하고 사망했고, 이후 베스트팔렌 조약에 의해 전쟁이 종료됨으로써 네덜란드의 분단이 확정됐다.

프로테스탄트 윤리 이전의 '타고난 성향'

항명파가 등장하고 이를 제거하는 등 혼란을 겪은 뒤 개혁교회는 '후속 종교개혁'[253]을 추진했다.[254] 개혁교회가 이런 모토를 내걸 수밖에 없었던 이유는 그들이 여전히 소수였기 때문이다. 실제로 네덜란드가 건국할 시점에 캘빈 파는 10% 정도에 불과했다.[255] 그들이 정치적인 힘과 결합해 독립전쟁을 이끌었기 때문에 공교회로 자리할 수 있었을 뿐, 다수파는 아니었다.

개혁교회가 공교회가 되자 개신교 다른 종파를 믿던 사람들이 속속 개종했다. 개혁교회 입장에서 이런 신자들은 항명파와 같이 언제라도 새로 제기되는 사상에 물들 염려가 있었다. 이런 불상사를 막기 위해서는 교회 자체가 지속적으로 개혁함으로써 사람들의 정신을 붙잡아 두어야 했다. 그런 지향성을 상징하는 모토가 "개혁된 교회는 항상 개혁되어야 한다"[256]였다. 항상 긴장하고 경계해야 하는 신앙생활은 17세기 내내 네덜란드인의 삶을 지배했다. 남녀를 불문하고 아무리 부유한 사람이라도 화려한 치장을 하기보다는 검은 색에 하얀 칼라 정장만을 입었으며, 집 안을 깨끗하게 가꾸는 것도 이런 이상을 실천한 것이었다.

이렇게 철저히 규제된 삶의 방식에 네덜란드인들은 별다른 저항 없이 잘 순응하며 살았다. 왜냐하면 네덜란드인들은 본래 그런 성향을 가지고 있었기 때문이다. 캘빈 파가 들어오기 전부터 외국인들은 저지대인들을 검소하고 부지런하며 깨끗하다고 평했다. 저지대 자연 환경이 본래 이런 성향을 가진 사람만 살아남을 수 있도록 자연선택을 했다고 볼 수 있다.[257]

베버[258]는 17세기 네덜란드인 성향에 착안하여 캘빈주의와 자본주의 정신을 연결했다. 하지만 대부분 네덜란드 연구자들은 이런 베버의 분석을 부정하고 있다. 우선 엄격하게 성경을 따르는 캘빈주의와 경계 밖을 자유로이 돌아다니는 상인 성향은 상극이다. 베버는 캘빈주의와 자본주의 정신이 잘 맞는 것으로 연결시켰지만, 실상 이 둘은 물과 기름처럼 섞이기 어려운 속성들이다. 그래서 캘빈 파가 자본주의를 낳은 것이 아니라 원래 자본주의 속성을 가진 사람들이 캘빈주의를 받아들였다고 해석하는 것이 더 논리적이다. 실제로 베버가 캘빈 파 특징으로 찾아냈던 '세속적인 직업생활'로 신앙을 증명하려 했다는 점이나,[259] 시민적 재산이 지대를 추구하는 토지 구입 등으로 귀족화하지 않고 자본 축적을 통해 재투자됐다는 점은,[260] 타고난 장사꾼이었던 네덜란드인의 특징을 설명한 것에 더 가깝기 때문이다.

3.

상인 정신의 결정체
실용적 관용

부유하고 유능한 유대인들의 이주

레헨트들이 종교적 관용에 앞장선 이유가 인본사상만은 아니었다. 그들은 실용적인 이유로 타 종교에 관용을 베풀었다. 독립성이 강한 주들, 특히 도시들은 다른 나라와의 경쟁 이전에 네덜란드 내 다른 도시들과 경쟁했다. 그 경쟁에서 이기기 위해서는 상공업자들이 자유롭게 활동할 수 있도록 지원해야 했다. 종교에 대한 지나친 선명성은 다른 종교를 가졌다는 이유로 부유한 자본가와 솜씨 좋은 기술자를 내쫓는 격이 될 수 있었다. 그렇게 내쫓긴 이교도들은 다른 도시에 가서 그 도시 번영에 기여할 것이므로, 그들을 놓치는 것은 바보 같은 일이었다.[261] 네덜란드 중에서도 가장 상업이 발달했던 홀란드와 유트레히트 레헨트들이 가장 관용적이었다고 평가되는 이유도 여기에 있었다.

관용이라는 우산 아래 공존했던 대표적 종교는 유대교였다. 네덜란드에 온 유대인 대부분은 1492년 '알함브라 칙령' 이후 이베리아 반도에서 건너온 사람들이었다. 그들은 스페인에서 직접 저지대로 넘어오거나, 아니면 일단 포르투갈에 정착했다가 다시 쫓겨난 사람들이었다. 그들은 스페인에 있을 때부터 안트베르펜을 비롯한 저지대 무역 도시들과 사업적인 연관을 가진 사람들이거나, 특별한 기술을 가진 전문가들이었다. 인구 부족에 시달리던 저지대 도시들은 부유한 유대인 이주를 적극 환영했다.

네덜란드 도시 정부들은 유대인들이 정착하도록 지원했을 뿐 아니라 그들이 벌이는 종교 행위도 공개적으로 예배 예식을 행하지 않는 한 탄압하지 않았다.[262] 유대인이 많은 지역일수록 더 관용적이어서 유대인들이 유입되는 동인이 됐다.[263] 유대인이 많이 사는 지역에서 레헨트들은 유대인의 종교 자유를 지키기 위해 개혁교회와 대립하기도 했다. 1615년 연방의회는 간판을 걸지 않는다는 조건으로 유대 예배당 건물을 지을 수 있도록 허용했고, 1657년에는 유대인에게 완전한 시민권을 부여했다.

　네덜란드 사회에서 유대인들에 대한 관용은 선순환했다. 부유한 이주자였던 유대인들은 유리한 조건으로 네덜란드에 정착할 수 있었고, 그들은 네덜란드가 발전하는 데 기여함으로써 사회적으로 인정받고 네덜란드인으로 받아들여졌다. 이런 모습은 다른 지역에 있는 유능한 유대인들을 네덜란드로 유인했다.

개종을 강요하지 않는 유연성

종교적 관용은 네덜란드 본국보다는 식민지에서 더 잘 적용됐다. 네덜란드인은 세계 어느 장소에 진출해 교역하든 현지인을 개종시키려 시도하지 않았다. 그리고 식민지에 정착하는 네덜란드인들에게도 어느 정도 종교 자유를 인정했다. 교역 상대나 식민지 현지인들에게 개혁교회를 포교하거나 강요하지 않았던 정책은 네덜란드인들이 머물렀던 지역에 다른 유럽국들과는 다른, 독특한 문화를 형성하게 했다.

　특히 이런 성향은 기독교가 전파되는 것을 두려워해 쇄국을 결정한 일본 막부를 안심시키고 지속적인 교역이 가능하게 했다. 네덜란드에 독점 교역을 인정했던 200년 간 일본에서는 난학(蘭學)이라는 이름으로 네덜란드를 통해 유럽 지식을 배우는 학문이 발달했다. 비록 모든 유럽국들에 개항한 것이 1853년으로 기록되어 있지만, 일본은 이미 그 200년 전부터 네덜란드라는 통로를 통해 유럽 문물에 어느 정도 익숙해 있었다.

VOC 본부가 있었고, VOC 파산 뒤에는 정식 네덜란드 식민지가 된 인도네시아에서도 기독교 개종 강요는 없었다. VOC가 바타비아에 자리했던 시기부터 1945년 독립할 때까지 300여 년 이상 네덜란드의 영향권 아래 있었음에도 현재 인도네시아는 세계 최대의 이슬람 국가로 기록될 뿐, 기독교도는 일부 주에서만 찾아볼 수 있다. 아메리카 식민지나 희망봉 식민지에서도 마찬가지였다. 이에 더해 식민지에 이주한 본국인과 유대인을 비롯한 다른 유럽인들이 다양한 종파의 종교 행위를 하는 것도 묵인하거나 인정했다.

이런 태도는 타국인이 보기에는 대단한 관용이었지만, 실제 속을 들여다보면, 굳이 남의 신앙에 손을 뻗어 정력을 낭비할 필요가 없다는 캘빈주의 내세관과 상인의 실용성이 함께 작용한 결과였다. 캘빈 교리는 구원을 받을 사람은 정해져 있다는 예정설에 근거하므로; 이미 구원받지 못하는 것으로 예정되어 있을 이교도를 개종시킬 이유가 없었던 것이다.

관용의 품격, 여성 기업인의 경제 활동

17세기 네덜란드가 세계 최고 부국이었으므로 그만큼 국민들 개개인도 높은 생활 수준을 영위했다. 특히 문맹률은 인구 절반 이하로 낮았던 것으로 추정된다.[264] 네덜란드 남자 아이들은 지역 교회가 운영하는 라틴 학교에 다니며 라틴어, 네덜란드어 그리고 수리를 배웠다. 라틴 학교에서 수리를 필수 과목으로 가르친 것은 상업이 발달한 네덜란드만의 특징이었다.

대부분 여자 아이들은 집에서 부모형제 등 가족들로부터 글자를 배웠다. 그렇다고 여자 아이에 대한 교육을 게을리하지 않았다. 개혁교회는 개인이 성경을 읽고 구원을 받아야 한다고 믿었으므로 스스로 성경책을 읽는 능력은 여성에게도 바느질이나 요리만큼 살아가는 데 꼭 필요했기 때문이다. 당시 그려진 풍속화 중 성경을 읽고 있는 남성보다는 오히려 여성 모습이 더 많이 남아 있는 것이 우연은 아니었다.

여성 교육을 중시했던 만큼 당시 다른 나라들에 비해 사회적으로 여성 지위가 높았다. 네덜란드에서는 여성도 사회적 주체로 활동하는 것이 가능해서 여성이 자신의 이름으로 경제 활동을 할 수 있었다. 가장 가깝게는 하녀라는 임금 노동자가 될 수 있었고, 스스로 장사를 할 수도 있었다. 심지어 사장이 될 수도 있었는데, 1742년 자료에 의하면 암스테르담에서 세금을 내는 기업 오너 15%는 여성이었다.[265]

결혼은 주로 자유연애로 이루어졌다. 여성의 자유로운 애정 표현이 가능했다는 뜻이다. 여성 지위가 높았던 만큼 어린아이도 존중하고 사랑으로 키웠다. 그래서 사생아의 비율은 현저하게 낮았다.[266] 여성에 대한 폭력은 비난받았고 공적인 개입을 통해 벌금형을 받을 수도 있었다. 여성들은 가정에 충실했고 부지런히 집안 일을 했지만, 아이를 많이 낳지는 않았다. 출산율은 낮아서 한 가정에 아이는 평균 2명 정도였다. 캘빈 교리로 보면 아이는 죄악에 물들기 쉬운 존재였다. 그래서 적은 수의 자녀를 낳고 대신 교육에 힘썼다.

당시 암스테르담에서는 70%가 넘는 가정이 하녀를 두었다.[267] 하녀는 주로 노동자 계급에서 충원됐지만 오늘날 임금 노동자가 고정된 신분이 아니듯이 그들도 일반 시민으로 대접받았다. 주인과 하녀 관계는 신분적인 주종관계가 아니라 고용주와 피고용인의 계약관계였을 뿐이어서 인격적으로는 대등했다.

하지만 누구든 돈을 벌 수 있었고, 돈을 벌면 상류층으로 살 수 있었던 개방된 네덜란드 사회는 자본주의가 가진 최대 맹점인 금융 버블을 최초로 경험하기도 했다. 역사상 발생했던 희대의 버블 사건들을 열거할 때 맨 앞자리를 차지하는 사건은 1636년과 1637년 사이 약 3개월에 걸쳐 홀란드 지방을 중심으로 발생했던 '튤립광풍'(Tulipmania)이다.[268] 한 연구에 의하면, 광풍이 불어 튤립 가격이 최고점에 있었을 때 가장 비쌌던 튤립은 당시 살찐 황소 52마리에 해당하는 가격이었던 것으로 추정된다.[269]

VII

열정과 투기 사이,
튤립 광풍

1.

경제사의 화려한 스캔들,
튤립 광풍의 전말

호황기 여윳돈이 모여든 한겨울의 튤립 거래

1636년 네덜란드는 스페인과의 휴전기를 지나며 급성장한 경제 토대 위에서 성공적인 해외 경략을 하고 있었다. 네덜란드에는 세계 최초 주식회사였던 동인도회사의 주식과 채권을 거래할 수 있는 주식시장이 운영되고 있었을 만큼 자본주의적인 금융시장이 발달해 있었다. 하지만 한편으로는 지속되는 전쟁으로 인해 사회적인 피로감이 쌓여 있었다.

튤립 광풍은 잘 돌아가는 경제 호황기에 인간이 가질 수 있는 미래에 대한 지나친 낙관과 쉽게 돈을 벌고자 하는 욕망의 합작품이었다. 하지만 많은 책과 글에서 인용하고 있는

'튤립 광풍'이 어떻게 진행됐는지에 대한 정확한 기록은 없다. 그동안 연구자들은 각자 확보한 단편적인 거래 기록에 상상력을 더해 상황을 재구성했을 뿐이다. 특히 가격 붕괴가 있은 후 사태를 수습하기 위해 꾸려진 위원회들이 남긴 회의록은 거래 관련자들이 보인 행태를 유추하는 데 중요한 역할을 했다.

광풍이 불었던 기간은 1636년 11월부터 1637년 2월 초까지, 약 100여 일이었다. 사건 기점을 11월로 잡은 것은 그 시기 이후 튤립 가격이 급격히 상승하기도 했지만, 대부분 수습위원회가 그 이전 거래만을 인정하고 11월과 이듬해 1월까지 거래를 모두 무효화시키는 극단 조치를 취했기 때문이다. 11월에 가격이 폭등했던 이유를 경제학적인 시각으로 살펴보면, 전체적으로 그 시기에 튤립 투자자가 갑자기 증가했던 것을 꼽을 수 있다. 그 배경에는 17세기 초부터 네덜란드가 누린 엄청난 경제 호황이 있었다.

VOC와 서인도회사를 필두로 한 해외 무역으로 막대한 수익을 거뒀고, 그 여파로 많은 인력이 해외로 빠져나가 네덜란드 내에서는 노동력 부족이 심각했다. 게다가 1633년부터 1635년까지 네덜란드에는 흑사병이 돌아 노동력이 더욱 부족해졌다. 노동시장 공급 부족은 자연히 도시 노동자 임금을 올라가게 했으므로, 노동자들에게도 사치재를 살 수 있는 여유가 생겼다.

그동안 암스테르담을 비롯한 도시 중산층들에게 정원을 갖추고 원예를 할 수 있는 것은 하나의 호사였다. 그런데 원예를 통해 키운 튤립이 고가에 거래되면서 이제 원예는 단순한 취미가 아니라 돈벌이 수단이 됐다. 생활비를 쓰고도 남는 여윳돈이 생긴 새로운 집단이 이 블루 오션으로 쏟아져 들어왔다. 돈을 좀 벌게 된 도시 노동자들, "직조공, 목수, 방앗간지기, 대장장이, 그리고 바지선 선장들은 모두 원예에 미쳤다."[270] 때는 겨울이어서 튤립 구근은 모두 누군가의 정원에 심겨져 있는 상태였다. 이후에 일어난 거래 광풍은 정원에 심겨져 있던 구근이 아니라, 튤립이 꽃을 피웠을 때의 그림과 상태를 기술한 '증서'가 경매를 통해 거래되면서 발생했다. 정상이라면, 튤립 구근을 낙찰받은 사람은 튤립 구근 현물을 받아서 자기 정원에 심고 봄이 오기를 기다려야 했다. 그런데 그들은 그렇게 하는 대신 튤립 그림과 증서를 바로 다음 경매에 내놓고 자신이 낙찰받은 가격보다 훨씬 더 높은 금액으로 팔았다.

이런 거래가 계속되면서 꽃도 피지 않은, 아직 정원에 심겨져 있는 튤립 구근 가격이 천정부지로 치솟게 됐다. 이 연쇄 거래는 튤립이 꽃 피는 4월에 그 꽃을 구매하여 감상할 최종 구매자가 나타날 때 끝이 날 것이었다. 만일 그 최종 구매자가 이렇게 가격이 치솟은 튤립 한 송이를 구매하기로 결심한다면 이 연쇄 거래의 끝은 해피엔드가 되었을 것이다.[271]

버블에 꽂힌 작은 바늘, 1637년 2월 검은 화요일

버블의 끝은 항상 공포(panic)를 동반한 붕괴(crash)가 되는데, 그 공포는 현재 가격이 비정상적으로 높다고 느끼는 순간에 온다. 튤립 구근이 꽃을 피운 4월에 '그 가격'에 튤립을 구매할 '최종 구매자가 나타나지 않을 수도 있다'고 예상하는 순간 말이다. 그 뒤에는 모두가 아는 대로 빠르고 파괴적인 붕괴가 뒤따른다.

1637년 2월 3일 네덜란드인들도 그랬다. 그날 하를렘 한 경매장에서 처음으로 튤립 경매가 낙찰되지 않았다. 판매자는 자신이 원하던 가격에 튤립을 팔지 못했다. 왜냐하면 경매에 나섰던 구매자들이 경매가가 너무 높다고 생각했던 것이다. 그때 구매자들 역시 꽃을 감상할 최종 구매자는 아니었지만, 그들은 이 정도 가격이라면 최종 판매가 불가능할 수도 있다는 것을 처음으로 깨달았던 것이다.[272] 드디어 끝없이 팽창하던 버블에 작은 바늘구멍 하나가 생겼다.

이 소식은 하루 만에 하를렘을 거쳐 암스테르담까지 퍼졌다. 그러자 버블 사이클 두 번째 단계인 공포가 시장을 덮쳤다. 튤립 구근 가격은 하루가 아니라 시간 단위로 하락했지만 이제 아무도 그것을 구매하지 않았다.[273] 원래 존재하지 않았던 물건에 매겨졌던 가격은 없는 것이나 마찬가지였다. 4월에 피어날 튤립을 선물거래한 사람은 휴지조각이 된 꽃 그림과 증서만을 소유한 셈이 됐다. 대신 정원에는 100분의 1 값으로 떨어진 구근 무더기가 쌓이게 됐다.

빠른 수습의 배경, '빚으로 투자하지는 않았다'

튤립 가격 폭락은 1929년 미국 대공황을 초래한 검은 금요일 충격보다 훨씬 완벽하게 파괴적이었다. 검은 금요일 여파는 주식 가격이 최저 가격으로 하락하는 데 2년이 걸렸고, 바닥 수준에서도 예전 가격 20% 정도는 유지됐다. 이에 비해 튤립 공황 효과가 네덜란드 전역에 미치는 데 걸린 시간은 3-4개월 정도였다. 그동안 튤립은 이전 가격에 비해 20분의 1 정도로 떨어졌다.[274]

거래 최종 단계인 경매가 중단된 것은 연쇄된 계약들이 모두 이행될 수 없음을 의미했다. 버블 붕괴 당시 튤립을 마지막으로 보유하고 있던 사람들은 대부분 그 튤립을 바로 이전 경매에서 구매하면서 대금은 이번 경매를 통해 갚을 계획이었다. 이런 대금연체 사슬이 계속됐으므로 결국엔 정부가 나서서 조정을 해야 했다. 지방 정부들과 연방 정부는 다양한 방안을 놓고 갑론을박했다. 논의 당사자는 튤립 재배자, 중간 매개꾼인 꽃장사, 그리고 투자자 등 3자였고, 이들은 서로 입장이 달랐다. 이런 상황을 만든 것은 중간에서 값을 올린 꽃장사들 농간이 컸다. 하지만 계약 상 책임은 투자자가 져야 했다. 그런데 그 투자자는 네덜란드 일반 시민들이었다.

사건 20일 만인 2월 23일, 문제 해결을 위해 재배자들이 첫 총회를 열렸다. 하지만 서로 입장이 엇갈려 합의가 이루어지지 않았다. 결국 헤이그에 있는 대법원이 4월 27일 모든 튤립 거래를 중지하고 이후에 각 지방이 알아서 문제를 해결하라는 소극적인 결정을 내렸다. 하지만 이 결정은 효과가 있어서 지역에서는 자발적으로 과도한 거래를 취소하는 방향으로 문제를 해결해 나갔다.[275] 튤립을 매매한 계약을 되짚어 가며 해소하는 것으로 어느 정도 타협이 가능했던 것이다.

사태가 최악 상황까지 가지 않고 이렇게 수습될 수 있었던 이유는 이 투기에 가담한 사람들이 전 재산을 털어 넣은 경우는 있어도, 엄청난 빚까지 끌어다 쓰진 않았기 때문이다. 더구나 지배계급인 레헨트들은 이 투기에 개입한 경우가 거의 없어서 객관적인 입장에서 중재위원회를 운영해 분쟁을 조정했다. 그들은 보통 '화해자'로 불리며 직권으로 양측을 불러 판결했고, 그 판결은 대개 양측에 공정했다.[276] 그 과정에서 나온 다양한 기록들은 이런 어처구니없는 투기에 뛰어든 사람들을 조롱하거나, 그런 일을 초래한 탐욕스런 마음을 반성하는 내용들이었다.[277] 제도적으로는 선물 거래 위험성이 다시 한번 확인되면서 정부가 개입해서 제재하게 되었다.

투자와 도박의 모호한 경계

이 세기의 투기 사건은 인간이 가진 도박 성향과 관련되어 있다고 풀이할 수 있다. 개혁교회가 강조하는 청빈과 금욕 교리에 맞게 살아야 했던 사람들의 억압된 본능이 상인들에게는 적극적인 해외 투자로 발현된 반면, 국내에서는 도박성으로 표출되었다고 보는 것이다.[278] 네덜란드인이 가진 도박 성향과 관련해서는 17세기 네덜란드를 여행한 사람들이 남긴 증언에서 엿볼 수 있는데, 다양한 복권이 많이 팔렸다는 것으로 짐작할 수 있다.[279]

사실 따지고 보면, 그 시대에 먼 아시아나 아메리카로 무역선을 보내는 행위를 투자라고 포장했지만, 실제로는 도박에 더 가까운 행위였다. 떠난 배가 이국 상품을 싣고 무사히

귀환하면 큰 차익을 남길 수 있었지만, 돌아오지 못하면 투자금은 모두 날리는 셈이었다. 그럼에도 많은 네덜란드인들이 그런 행위에 동참하고자 주식회사를 만들었다는 것은, 이 국가적인 도박에 국민들이 동참했던 것이라고 할 수 있다. 그런데 1630년대 네덜란드인들은 그 도박에서 엄청난 승률로 높은 배당을 받고 세계에서 가장 부유한 국민으로 살고 있었던 것이다. 튤립 광풍은 그런 미래에 대한 낙관을 바탕으로 투자가 도박으로 경계를 넘은 사건이었다.

한편, 도시 노동자들이 느꼈던 상대적 박탈감이 그 도박성향을 부채질했을 수도 있다. 그들은 오른 임금을 받으며 비교적 안락한 생활을 하고 있었지만, 무역 상인들에 비해서 일확천금을 할 수 있는 기회를 잡기는 어려웠다. 그들이 가졌던 잠재된 욕망과 질투심을 튤립이 자극했을 수 있다. 무역으로 큰돈을 벌었던 레헨트들 중에 이 투기에 가담한 자가 아주 소수였던 것도 이런 가정을 뒷받침한다.

튤립 광풍에 대한 다른 해석들

현재 튤립 광풍 사건을 언급하는 논문이나 책이 보이는 태도는 두 가지로 나뉜다. 우선 그 사건이 역사상 기억할 만한 투기 사건이었다는 측면에서 사건을 기술하거나 분석하는 연구들이 있다. 반면 언급되는 것만큼 사건 실체가 대단히 부도덕하고 문제가 있는 것은 아니었다는 것을 증명하려는 연구들도 있다. 전자는 주로 사건이 수면 위로 치솟았던 3개월과 이후 이를 정리했던 시간들에 집중하면서 그때 작성되었던 거래 기록이나 회의 기록 등을 바탕으로 상황을 재구성해 보여준다. 후자는 17세기 전반 전체 튤립 가격 동향을 추적하여 당시 상황이 튤립 가격의 지속적인 상승 추세 중 일부였다는 것을 증명하고자 한다.

투기 사건으로 다루는 입장은 이 사건을 자본주의가 작동하는 시간 동안 발생했던 여러 버블 붕괴 사건들을 함께 다루거나, 당시 네덜란드 사회를 전체적으로 다루는 책에서 단편적으로 소개할 때 취하는 태도이다. 반면, 이것이 네덜란드 발전 과정 중 일부였다고 해석하는 입장은 이 사건만을 전문적으로 다루는 책이나 논문[280] 저자들의 태도이다. 그런데 독자들은 전자와 같은 시각의 책을 통해 접할 확률이 훨씬 높기 때문에 튤립 광풍에 대해 일반에 알려진 지식은 과장된 것이라 할 수 있다.

이 사건을 조금 더 면밀하게 연구했던 학자들의 주장을 요약하면 다음과 같다. 희귀한 품종에 대한 소수 수집가 선호는 이미 1620년대부터 존재했으며, 가격은 이미 극단적으로 높았다. 다만, 투기 광풍이 불었던 시기 특이사항은 희귀 품종이 아닌 평범한 튤립까지도 가격이 치솟았다는 점이었다. 이 사건으로 네덜란드 경제가 어려움을 겪지는 않았다는 것은 이 사건이 일부 사람들만 관여된 해프닝에 가깝다는 것을 말해준다.

한편, 네덜란드인의 저축 성향이 이 사건을 통해 폭발했다고 보는 해석도 있다. 청빈 교리를 실천하며 살았던 개혁교회 신자들의 장롱 속에 모여 있던 자금이 한꺼번에 쏟아진 것이 이 비정상적인 가격 폭등을 불러온 원인이었다고 보는 것이다. 1633년부터 1637년까지 네덜란드에서 거래된 구근 매상고가 4천만 길더였다는 것을 바탕으로 당시 네덜란드인이 보유하고 있던 자산 규모를 예측할 수 있다. 이렇게 계산된 구근 거래비용이 모두 현재하는 자산은 아니었지만, 최소한 절반 이상은 당시 네덜란드인들의 장롱 속에 있던 여유 자금이었을 것이다. 이렇게 추산된 여유 자금은, VOC 투자금이 650만 길더였다는 점과 비교하면 그 규모가 대단히 크다는 것을 알 수 있다.[281]

2.

네덜란드의 꽃이 된
튤립의 여정

터번을 닮은 이국의 꽃, 야생에서 정원으로

튤립은 중앙아시아 산지에서 자라는 야생화였다. 물론 그 초
원에 피었던 꽃은 지금 우리가 보는 것 같은 크고 다양한 색
깔을 가지고 있지는 않았다. 전체 높이가 10cm 정도밖에 되
지 않는 아주 작은 들꽃이었다. 하지만 작은 꽃봉오리가 내
는 선명한 색깔은 초원길을 오가는 사람들 눈에 띄었고, 정
원으로 옮겨졌다.

이 꽃이 지닌 가치를 알고 처음 화초로 재배한 사람들은
터키인들이었다. 그들이 이 꽃을 튤립이라고 부른 것은 모양

이 마치 터번 같아서였다. 튤립은 원예가의 정성스런 손길이 더해지면서 꽃도 커지고 색깔도 다양해졌다. 튤립이 유럽에 전해진 것은 16세기 초였다.[282] 당시 터키 궁정에서는 튤립을 귀한 식물로 재배하고, 관상했을 뿐 아니라 외국에서 방문객이 오면 선물하기도 했다.

대항해시대가 열린 뒤 유럽인들은 미지 세계에 대한 정보를 많이 접했고, 그곳에서 난 진귀한 물건들을 직접 가져오기도 했다. 이국적인 진귀한 물건을 수집하는 호사가(liefhebbers)가 되는 것은 점점 취미를 넘어 부를 과시하는 수단이 됐다. 이국의 꽃 튤립은 강렬한 색상으로 처음부터 호사가들에게 열광적인 사랑을 받았다.[283]

튤립은 구근 형태여서 옮겨 심기에 편리했고, 네덜란드 토질에서 잘 자랐다. 재배 과정에서 자주 변종이 발생하기도 했다. 터키에서 온 진귀한 꽃으로 몇몇 귀족의 정원에 옮겨졌던 이 꽃을 처음 체계적으로 재배하고 학술적인 분류를 한 사람은 레이덴 대학교 교수였던 식물학자 클루시우스[284]였다. 클루시우스는 전 유럽에 널리 알려진 학자였는데, 1593년 레이덴 대학교 구내에 식물원을 열고 여기에서 튤립을 재배했다. 그는 자신이 키우고 있는 진귀한 식물에 관한 정보를 유럽 각지에 있는 동료나 친구들과 교류했다. 클루시우스가 진기하

고 아름다운 튤립들을 많이 키우고 있다는 소문을 듣고 그
것을 얻고 싶어 하는 사람들이 많았다. 그는 이들에게 구근
을 분양하기도 하고, 그들이 키운 구근을 얻기도 하면서 자
신의 도감을 더욱 풍성하게 확장했다.

당시 네덜란드 도시 중산층들 사이에 정원을 가꾸는 것이
유행이었고, 아마추어 정원사인 그들은 클루시우스와 같이
보다 전문적인 정원사들이 육종한 튤립 구근을 얻어 자신의
정원을 더 풍성하게 가꾸었다.[285] 하지만 이때의 튤립 교류는
아직은 대중화되거나 튤립이 상품으로 팔리는 단계는 아니었
다.[286]

튤립을 정원에서 볼 수 있는 화초에서 처음 상품의 경지로
끌어올린 것은 파리 귀족 부인들이었다. 그녀들은 깊이 파인
드레스 앞가슴을 장식할 도구로 꽃을 선택했는데, 단단한 줄
기에 화려한 색깔 꽃 한 송이가 피는 튤립은 그렇게 활용하기
에 적합했다.[287] 고급 장식품으로 활용되는 튤립은 당연히 색
이나 무늬가 특이할수록 가격이 높았다.

정원 화초에서 상품으로, 바이러스가 만든 무늬종
17세기 들어 튤립은 원예에 관심이 많은 사람뿐 아니라 일반
가정에서도 열광적으로 심고 가꾸는 대중화 단계로 들어섰

다. 그 배경에는 청빈을 최고 가치 중 하나로 설파한 개혁교회가 지배하는 사회 분위기가 있었다. 검소함을 강요하는 분위기에서는 아무리 부자라도 값비싼 옷감으로 옷을 지어 입을 수도 없었고, 금은보석으로 장식할 수도 없었다. 대신 그들은 자기 정원에 비싸고 화려한 튤립을 키움으로써 부유함을 과시했다.[288] 전문 원예가만 키울 수 있는 까다로운 식물이 아니라는 점도 튤립이 빠르게 사랑받는 화초가 될 수 있게 했다.

튤립을 키우던 사람들은 튤립 색깔이 자주 바뀔 뿐 아니라 어떤 때는 무늬가 있는 꽃잎이 나는 것을 알게 됐다. 꽃잎에 무늬가 나오는 이유는 튤립에 바이러스가 침입했기 때문인데, 당시에는 바이러스에 대한 지식이 없었으므로 튤립 무늬는 인위적으로 만들 수 없었다. 올해 단색이었던 튤립이 다음 해엔 갑자기 무늬가 있는 꽃이 되는 식이었다. 한 번 바이러스에 감염되면 지속되는 경향이 있었으므로 그 구근은 특정 무늬종이 됐다.

이렇게 어느 날 갑자기 정원에 가득 핀 튤립 중 특정 무늬종이 등장하면, 사람들은 이것을 만드는 것은 신비로운 신의 손길이라고 생각했다. 따라서 이것을 소유하는 것은 개혁교회가 금지하는 사치가 아니라 하느님 작품을 경배하는 것이

되므로 얼마든지 용인될 수 있었다.[289] 맘대로 아무 때나 무
늬종이 되는 것은 아니어서 단색종이 무늬종이 되는 것은 로
또를 맞는 것과 같았다. 감기에 걸린 튤립이 사랑받는 원천인
셈이었다.[290] 튤립은 구근식물이어서 빠르게 번식하기 어렵
고, 무늬종은 바이러스에 감염된 건강하지 못한 상태였기 때
문에 더욱 번식 능력이 떨어졌다. 무늬종 튤립이 희귀해질 수
밖에 없는 조건이었고, 당연히 높은 가격이 형성됐다.

시장 붕괴 광풍 뒤에도 여전히 유지된 상품성

타고난 상인인 네덜란드인들은 이제 튤립이 정원을 꾸미는
화려한 꽃만이 아니고, 가격이 등귀하는, 비교적 보관이 쉬
운 투자 대상이라는 사실을 깨달았다. 처음에 튤립을 매매한
사람들은 최소한 그것을 심을 정원을 가진 사람들이었다. 하
지만 1635년쯤엔 다양한 직업을 가진 사람들이 오로지 중간
판매 목적으로 튤립 거래에 뛰어들었다. 튤립은 이제 금은과
같이 스스로 가치가 있는 재화이면서 지속적으로 가치를 창
출하는 재화가 됐다.

튤립 거래에 이렇게 다양한 직업군의 사람들이 뛰어들 수
있었던 근본 이유는 이 거래가 길드 체계의 밖에서 이루어졌
기 때문이다. 당시 네덜란드 사회는 도시별로 강고한 길드 체

제로 묶여 있어서 제조업이나 상업 활동을 하려면 해당 길드에 가입하는 절차가 필요했다. 그런데 튤립은 식물이었고, 처음 시작이 원예가들의 소소한 호기심에 근거한 친목 교류였기 때문에 시장에서 사고 팔 수 있는 상품이 되었을 때도 이것을 통제할 길드는 형성되지 않았다.

상품으로서 튤립 매매가 어려운 점은 튤립이 피는 시기가 1년에 겨우 며칠에 불과해서 나머지 기간에는 양파같이 생긴 구근을 팔아야 한다는 점이었다. 구근을 양파로 알고 요리해 먹은 사람이 있었다는 얘기가 있을 정도로[291] 구근 자체를 상품으로 팔기에는 어려움이 있었다. 그래서 구근을 판매할 때는 꽃이 피었을 때 모습을 스케치한 그림을 함께 파는 방법이 고안됐다.[292]

이것으로 튤립 거래는 자본주의 다음 단계인 물건이 없이 거래가 이루어지는 선물 거래로 옮겨갈 수 있었다. 물건값이 오르는 것이 확실하다면 선물 거래를 하는 것은 당연히 이익이었다. 탁월한 상인인 네덜란드인들은 아직 발생하지 않은 미래가치에 투자하는 선물 방식으로 튤립 구근을 거래해, 쉽게 차액을 발생시킬 수 있는 방법을 고안했던 것이다.

그리고 이런 시장 분위기는 물건값을 올리는 데 또 기여함으로써 상승 사이클을 계속 돌렸다. 1630년 이후 실제로 1년 사이에 튤립 가격은 적게는 50%에서 많게는 몇 배가 올랐다. 어떤 희귀 무늬종의 가격은 3년 만에 20배가 됐다.[293]

튤립 광풍이 휩쓸고 지나간 뒤, 그 여파를 수습하느라 많은 어려움을 겪었지만 그럼에도 불구하고 튤립에 대한 네덜란드인의 사랑은 사라지지 않았다. 단지 튤립 가격이 적정한 수준으로 회귀했을 뿐이었다. 구하기 어려운 불꽃 무늬가 있는 튤립종은 여전히 고가에 거래됐다. 버블 이후 가격이 급락한 것은 평범한 꽃들이었다. 이 꽃들은 원래도 저가였는데, 버블기에만 이상 수요가 몰리면서 가격이 오른 것들이었다.[294] 이 사건으로 네덜란드인들은 지금까지도 희대의 투기꾼들로 기억되고 있지만, 네덜란드 국화인 튤립은, 현재도 세계 1위인 네덜란드 화훼산업을 주도하는 핵심 수출 상품이다.[295]

네덜란드식 튤립 꽃병, 피라미드형 델프트 블루

고가의 튤립을 청화백자 화병에 꽂아 감상하는 것은 사치의 극치를 누리는 것이었다. 하지만 중국에서 들여오는 청화백자 주둥이는 꽤 넓어서 그곳에 튤립을 꽂으려면 여러 송이를 꽂아야 모양이 났다. 따라서 제대로 모양을 갖춰 즐기려면 비용이 많이 드는 사치품이었다. 청화백자 모방품인 델프트 블루를 만들 수 있게 된 네덜란드 사람들은 튤립을 꽂기에 적합한 자신들만의 화병을 만들었다. 델프트 블루 튤립 꽃병은 다양한 모양을 하고 있지만 공통적으로 꽃병 기능을 할 수 있도록 각 모서리마다 꽃을 꽂는 구멍을 만들었는데, 한 구멍에 한 송이씩 꽂도록 했다.

이렇게 만들어진 튤립 꽃병 중 특별한 것이 피라미드형 꽃병이다. 현재 남아 있는 유물들은 제작한 회사와 제작자 이름을 따서 불리고 있는데, 이 피라미드형 꽃병과 같은 기형을 중국인들은 만들지 않았다. 델프트 도공들이 중국에서 들여온 청화백자에 새겨진 중국 탑 그림을 본떠서 만든 독창적인 기형이었다.[296] 피라미드 꽃병은 암스테르담 국립미술관에 있는 '두 개의 피라미드 꽃병'[297]과 같이 높이가 1m 정도 되는 대형으로 제작되어 중요한 행사나 의식이 있을 때 장식으로 활용됐다.

이런 형태를 가진 튤립 화병을 좋아했던 대표적인 사람은 빌렘 3세[298] 부인으로 빌렘 3세와 영국을 공동 통치했던 메리 2세[299]였다. 그녀는 1688년 명예혁명으로 영국 왕정이 복고되어 런던으로 돌아갈 때 피라미드 형태 꽃병을 가지고 가서 이후 중요 의식이 있을 때마다 사용했다.[300] 이것은 네덜란드와 영국의 화합을 상징하는 것이었다.

빌렘 3세는 영국에서는 윌리엄 3세로 불렸고, 홀란드 총독을 겸하면서 네덜란드와 영국[301]을 함께 다스렸다. 빌렘 3세가 즉위하기 전까지 각각 동인도회사를 차려 아시아 항로로 달려갔던 네덜란드와 영국은, 16세기 말부터 한 세기에 가까운 기간 동안 아시아와 아메리카 대륙에서 숙적으로 치열하게 대결했다.

VIII

월스트리트,
아메리카에 남긴
관용의 흔적

1.

서인도회사의
기묘한 탄생

VOC의 레플리카 '서인도회사'

암스테르담 상인들이 주도해 설립한 VOC가 아시아 무역에 독점 특허권을 갖고 성과를 내자, 암스테르담과 경쟁 관계에 있던 젤란드 상인들도 대서양 무역 특허권을 요구하기 시작했다. 암스테르담과 젤란드 상인들은 아시아 무역의 주도권을 잡기 위해 치열하게 경쟁하다가 VOC 설립 후 일정 비율을 나눠 갖는 것으로 정리됐지만, 결국 VOC 운영 주도권은 암스테르담이 가져간 상태였다.

하지만 대서양 무역 독점권에 대해서는 회의적인 시각이 많았다. 이미 네덜란드는 아메리카에 진출한 포르투갈과 스페인을 상대로 자유로이 무역을 하고 있어서, 특허권 부여는 오히려 자유로운 거래를 억제할 것이 뻔했기 때문이다. 무엇보다 아메리카에는 설탕, 담배, 소금 같은 특산품이 있긴 했지만, 아시아처럼 값비싼 산물들이 많지 않았다. 그럼에도 정치적인 이유로 1623년 아메리카와 아프리카를 묶는 대서양 교역에 특허권을 부여한 서인도회사(GWC)[302]가 창립됐다.

GWC도 VOC 선례를 따라 주식을 공모했다. 하지만 VOC 때와 같은 호응은 없었다. GWC 수익 모델이 미덥지 못했고, 스페인과 전쟁이 재개됐기 때문에 적국 스페인을 자극할 수 있는 아메리카에서의 활동이 너무 위험해 보이기도 했다. 게다가 마침 20년 만에 수익을 배당한 VOC가 현금 부족을 이유로 배당을 현금 대신 후추로 지급하는 바람에 독점 회사에 대한 신뢰도가 떨어져 있었다.[303] 다급해진 정부는 대자본가들에게 지분을 떠넘기듯이 해서 겨우 VOC의 1/3 수준 자본금으로 GWC를 출범시켰다. 겉으로는 비슷해 보이지만 실제로는 원조보다 많이 부족한 복제품을 '레플리카'라고 한다. GWC가 그랬다.

정치적 명분과 종교적 시샘의 합작품

VOC 레플리카에 불과했던 GWC 출범은 처음부터 실패를 예비한 것이었다고 할 수 있다. 이윤에 민감한 천상 장사꾼인 네덜란드인이 손실이 불 보듯 뻔한 투자를 결정한 배경에는 정치와 종교의 개입이 있었다.

먼저 종교 측면을 살펴보면, 1620년대 네덜란드 사회는 항명파에 대한 가혹한 숙청기를 거치며 도르트 신조로 대표되는 강성 캘빈 파가 득세하고 있었다. 주로 남부 저지대에 살고 있던 이들은 저지대 분단 과정에서 가까운 젤란트 지역으로 피신했다.[304] 캘빈 파가 주류인 젤란트 상인들은 개방적인 성향에다, 유대인들이 섞여 있는 암스테르담 상인들의 상업적 성공에 질투 이상의 적대감을 가지고 있었다.

여기에 정치적인 요소도 작용했다. 빌렘이 바랐던 저지대 통일을 지상과제로 여기고 있던 마우리츠는 분단 상태를 고착시킬 우려가 있는 휴전을 깨고 싶어 했다. 전쟁을 수행하기 위해서는 네덜란드 국력의 절반 이상을 차지하고 있던 암스테르담 상인들의 재력과 홀란드의 행정력이 필요했다. 하지만 안정되게 성장하고 있던 암스테르담 상인들은 전쟁을 원하지 않았고, 그들의 절대 지지를 받았던 홀란드 행정장관 올덴바르너펠트도 마우리츠에 반대하는 입장이었다.

마우리츠는 이 상황을 타개하기 위해 종교를 이용했다. 항명파였던 올덴바르너펠트를 이단으로 몰아 처형하고 기어이 스페인과 전쟁을 재개했다. 이렇게 마우리츠의 정치적 욕구와 종교적으로 완고했던 젤란트 상인들의 욕구가 맞아떨어지며, 상인의 계산으로는 비합리적인 GWC 설립이 가능했던 것이다.

2.

더치 브라질,
실패한 남아메리카 공략

사탕수수 농장과 개종한 노예의 딜레마

GWC가 공략한 지역은 이미 네덜란드 경제와 밀접한 연관을
맺고 있는 포르투갈 식민지였다. 카리브 해에서 시작해 안데
스 산맥을 따라 진출했던 스페인은 잉카 제국과 전쟁을 벌이
며 식민지를 개척했다. 그에 비해 1500년 아프리카로 향하던
포르투갈 배가 우연히 발견한 브라질은 문명의 기운이 전혀
없는 완전한 원시 공간이었다. 이곳에 살던 원주민은 불을
사용할 수는 있었지만 금속기를 알지 못하는, 벌거벗은 석기
시대인이었다.[305] 주변에서 얻을 수 있는 상품성이 있는 물품
은 붉은 색 염료로 활용이 가능한 파우 브라질(pau brazil)이란

나무뿐이었다.

그럼에도 불구하고 포르투갈이 이 땅을 식민지로 적극 개척하기로 결정한 이유는 이곳 기후가 사탕수수 재배에 적당하다는 판단에서였다. 이것은 포르투갈이 이미 사탕수수 재배에 익숙했기에 가능한 일이었다. 인도네시아와 파푸아 뉴기니가 원산지인 사탕수수는 줄기를 씹으면 단물이 나는 풀에 불과했지만, 이 풀이 인도에 전해지며 설탕을 정제하는 방법이 개발됐다. 설탕정제법은 아랍을 거쳐 십자군 전쟁기에 유럽에 전파됐다. 포르투갈이 처음 사탕수수를 재배한 것은 13세기경으로, 15세기 이후 대서양 섬들을 정복하면서 그곳에 사탕수수를 이식해 재배했다. 한 마디로 포르투갈은 사탕수수에 관한 한 이미 플랜테이션 경험이 있는 노련한 생산자였다.

1515년 이후 브라질에 포르투갈 농민이 이주민 농장을 시작했다. 1549년에는 총독과 함께 제주이트 선교사가 파견됐다. 하지만 포르투갈 자체도 인구가 많은 대국이 아니었고, 브라질에는 풍토병도 많아서 이민 희망자가 많지 않았다. 모자란 노동력은 원주민을 노예로 부리는 것으로 해결하려 했지만 이마저도 여의치 않았다. 원주민들은 농장에서 해야 하는 고된 노동을 견디지 못했다. 원래 필요한 만큼만 노동하는 것에 익숙했던 그들은 강요된 노동에 대부분 죽거나 도망쳐 버렸다. 면역되어 있지 않았던 각종 병원균 때문에 몰살하기도 했다. 여기에 더해 함께 이주한 선교사들이 원주민을 개종시키고 난 후에는 기독교인을 노예로 활용할 수 없다고 막아섰다.[306]

수탈과 인권 유린의 대명사 '노예 무역'

이때 부족한 노동력을 보완하기 위해 아프리카인을 노예로 활용하는 방안이 제시됐다. 포르투갈 입장에서 아프리카인을 노예로 활용하는 일은 새롭지 않았다. 무어인들이 이베리아 반도를 지배하던 시기에 사라하 사막 이남 지역에서 납치한 아프리카인을 노예로 부리는 것을 봐 왔기 때문이다.

1497년 바스코 다 가마가 인도로 가는 길을 발견하기까지 15세기 내내 포르투갈은 아프리카 서쪽 연안을 탐사하며 조금씩 남하했다. 당연히 아프리카 대륙 서안 중요 지점에는 포르투갈 진지가 구축되어 있었다. 노예 해안으로 불리는 곳에 집중된 이 진지들은 16세기 중반 이후 아프리카인을 사냥해서 아메리카로 보내는 노예 무역 거점이 됐다.

포르투갈 사탕수수 농장 일손 부족에서 시작된 아프리카인 강제 이주는 담배, 커피, 목화 등 이후 아메리카 대륙에

이식되는 모든 종류의 플랜테이션 농장을 지탱하는 바탕이
됐다. 포르투갈과 영국이 주도한 이 노예 무역 대금은 아메리
카 원료로 유럽에서 생산된 완제품과 교환됐다. 대서양을 사
이에 두고 아메리카―유럽―아프리카로 연결되는 삼각무역
은 17세기 완성돼 19세기 초반까지 작동했다.

VOC가 구축한 아시아 역내 무역이 아시아 여러 나라 상
업 활동을 활성화하는 데 기여했다는 긍정적인 평가를 받는
반면, 포르투갈과 영국이 주도한 대서양 삼각무역은 수탈과
인권 유린의 대명사가 됐다. 이 삼각무역을 통해 300여 년간
아프리카에서 아메리카로 건너간 강제 이주자의 수는 1200
만 명에 이를 것으로 추산된다.

아프리카 노예 수출[307]

(단위: 명)

	1601-1700	1701-1866
스페인	146,300	1,061,600
포르투갈	1,011,200	5,848,300
영국	428,300	3,259,400
네덜란드	219,900	554,300
프랑스	38,400	1,381,400
합계(기타국 포함)	1,875,600	12,521,300

네덜란드 수입품 소금과 사탕수수

포르투갈이 점유한 브라질 연안에서는 유럽이 필요로 하는 특산물인 소금과 사탕수수가 났다.[308] 포르투갈은 이 상품들을 유럽으로 실어 나를 해운력이 부족했으므로 유럽 공인 바다의 마부인 네덜란드 배를 활용할 수밖에 없었다. 1609년부터 12년 간 지속된 공식 휴전기에는 더욱 많은 네덜란드 배가 아메리카로 드나들었다. 이 기간 동안 네덜란드가 아메리카에서 가장 많이 수입한 물품은 소금이었다.

네덜란드는 북해에서 잡은 청어를 염장해 유럽 전역에 유통시켰는데, 잡은 청어만큼 많은 소금이 필요했다. 하지만 서안해양성 기후인 유럽 서해안에서는 소금을 얻기가 쉽지 않았다. 반면 적도 인근의 남아메리카 동해안에서는 쉽게 소금을 얻을 수 있었으므로, 네덜란드는 카리브 해 연안인 현재 베네수엘라 아라야(Araya)에 염전을 만들어 소금을 조달했다. 이 지역도 공식적으로는 포르투갈에 속하는 지역이었지만, 아마존 밀림 너머에 있어서 포르투갈 관리가 허술했다.

소금과 함께 네덜란드가 수입한 것은 사탕수수였다. 대항해시대 이전부터 포르투갈은 유럽 최고의 사탕수수 생산자였지만 원료만 생산할 뿐 설탕으로 가공하는 산업적인 능력은 떨어졌다. 그래서 포르투갈 사탕수수는 저지대, 특히 안트베르펜에서 정제됐다. 설탕 정제업은 다른 산업이 그렇듯이 1585년 안트베르펜 몰락한 후 암스테르담으로 이전했다.

이렇게 네덜란드는 설탕제조업 기반을 갖추고 있었을 뿐 아니라, 유럽 내 설탕 판매망도 가지고 있었다. 포르투갈이 브라질 식민지에서 사탕수수를 재배하기 시작하며 사탕수수가 대량으로 유럽으로 유입된 이후에는 정제 산업이 더 발전했다. 휴전기가 끝나던 1621년 네덜란드에는 설탕정제소 29개가 브라질로부터 수입되는 4-5만 상자에 이르는 사탕수수를 정제했다.[309]

GWC가 장악한 더치 브라질

GWC가 출범하기 전까지 브라질 교역품 절반 이상은 네덜란드 배가 운송을 했다. 아메리카 대륙에 와서 무역을 하는 네덜란드 배는 모두 민간 상선이었지만, 절반은 공식적인 거래가 아니라 밀수를 하는 것이었다.[310] 이렇게 민간 상인들이 뿌리를 내리고 있던 아메리카 무역에 독점권을 가진 GWC가 뒤늦게 뛰어들었으므로 그에 대한 거부감과 부작용이 있을 수밖에 없었다.

GWC는 탄생기부터 적대적인 환경이었기 때문에 빨리 가시적 성과를 내야 했다. 교전관계에 있는 스페인과 포르투갈

○ 더치 브라질 영역(1630-1654)

을 상대하기 위해서 GWC는 처음부터 상업적인 교역보다는
군사적 행동에 중점을 두어 적국 영토를 점령한다는 자세로
임했다. 설립 다음 해인 1624년 GWC는 브라질 북동부 지역
을 공략했다가 포르투갈 반격으로 실패했다. 대신 그 병력으
로 포르투갈 방어력이 미치지 못하는 카리브 해 연안을 점령
하고 사탕수수를 재배하기 시작했다. 1630년엔 처음부터 노
리고 있던 브라질 지역을 점령하고 본격적인 식민지 경영에

들어갔다.[311]

이곳에는 이미 아프리카인을 노예로 활용하는 포르투갈식 사탕수수 플랜테이션 시스템이 정착되어 있었다. 이 시스템을 지속하기 위해서는 노예가 반드시 필요했다. 이전까지 네덜란드인이 남북아메리카에 확보하고 있던 소규모 점령지에서 필요한 노예들은 포르투갈이나 스페인이 수입해 온 노예들을 빼앗거나 되사는 방식으로 조달했었다.[312] 하지만 이제는 GWC도 농장에 필요한 노예를 직접 조달해야 했다. 이에 GWC의 배들은 아프리카 노예 해변으로 진출해 포르투갈이 확보했던 주요 거점들 탈취하고 노예를 실어 나르기 시작했다.

특별했던 식민지 유대인의 위치

GWC의 브라질 식민지는 이민자들에게 그리 매력적인 곳은 아니었다. 그러나 네덜란드 내에서 핍박받고 있던 가톨릭교도와 유대인에게는 흡인력이 있었다. GWC는 이미 제주이트 선교사에 의해 가톨릭 체제로 짜인 브라질의 포르투갈식 사회구조를 바꾸기 위해 개혁교회에서 목사를 파견하여 교화하기 시작했다. 그러나 기존에 정착해 있던 지주와 노예들을 무조건 개종하도록 강요하지 않고 관용 입장을 취했다. 주민들이 포르투갈 지역 제주이트와 연결되지만 않는다면 가톨릭교를 믿는 것을 용납했다. 이런 정책은 네덜란드 현지 가톨릭 교도들이 식민지로 이주하는 것을 촉진시켰다.[313]

한편, 브라질 식민지에서 유대인 위치는 특별했다. 본래 네덜란드에 거주하는 대부분 유대인들은 세파르디[314]였다. 이들은 기본적으로 스페인어와 포르투갈어에 능통할 뿐 아니라 비공식적으로 포르투갈과 상업적인 거래를 지속했던 사람들이 많았다. 이들 존재는 관리가 부실한 식민지 입장에서는 유용한 존재였다. 그래서 식민지에서는 유대교회 설립을 허용할 정도로 신앙에 대한 관용도가 높았다. 이런 관용은 유대인 이주를 촉진했으므로 세파르디 거주자가 최고점을 찍었던 1644년엔 1,450명에 달했다.[315]

1644년을 지나며 브라질 식민지에서는 기존 포르투갈을 지지하는 지주와 원주민, 흑인 노예들이 GWC 지배에 항거하는 무장 저항운동이 일어났다. 남부로 밀려났던 포르투갈도 저항운동을 지원했기 때문에 어려운 싸움을 하던 GWC는 결국 1654년 포르투갈에 항복했다.[316]이때 식민지에 살던 유대인 대부분은 북아메리카 뉴암스테르담으로 이주했다.

브라질에서 축출된 GWC는 브라질 북쪽에 위치한 수리남에 사탕수수 농장을 열었다. 수리남부터 카리브 해 섬들로 연결되는 사탕수수 재배 지역에는 GWC뿐 아니라 영국과 프랑스도 각자의 식민지 플랜테이션을 구축하고 노예 무역에 뛰어들었다.[317] 수리남은 네덜란드가 20세기까지 종주권을 행사했던 아메리카 대륙 유일 식민지였다.[318]

3.

'뉴욕'으로 남은
네덜란드의 '자유'

네덜란드를 부른 허드슨 강가의 비버들

포르투갈이라는 기존 세력이 개척한 식민지를 빼앗아 가며
시작한 남아메리카 공략에 비해 GWC가 처한 북아메리카에
서의 사정은 완전히 달랐다. 이제는 사문화된 토르데실랴스
조약에 의해 명목상 북아메리카도 스페인에 속해 있었지만,
스페인의 통치력이 이곳까지 미치지 못했다. 그래서 17세기
유럽인에게 북아메리카는 먼저 발견한 사람이 그 땅을 차지
하는 주인 없는 땅이었다. 북쪽 세인트루이스 강 유역은 프
랑스가 개척을 했고, 그 밑 뉴잉글랜드 지역엔 영국인 필그림
이, 그리고 허드슨 강 유역은 네덜란드가 개척했다.

허드슨 강은 영국인 허드슨[319]이 아메리카 대륙을 횡단해서 태평양으로 나갈 항로를 찾을 목적으로 아메리카에 왔다가 발견했다. 스페인이 점령하고 있는 지역을 거치지 않고 태평양으로 건너갈 수만 있다면 아프리카 대륙을 돌아 중국으로 가는 항로보다는 편리할 수 있었기 때문이다. 당시에는 북아메리카 대륙을 가로지르는 것이 카리브 해 근방과 같이 짧을 것으로 예상했기에 가능한 계획이었다. 허드슨의 탐험을 지원한 것은 VOC였으므로 허드슨 강 유역은 암묵적으로 네덜란드 소관이 됐다. 비록 허드슨의 탐험은 본래 기대를 충족시켜주는 못했지만, 허드슨 강변에 비버가 많이 서식한다는 정보를 알려주었다.

1610년대는 유럽에서 비버 털 공급이 수요를 따라가지 못할 때였다. 16세기부터 유럽 남성들은 러시아나 스칸디나비아에서 공급되는 비버 털로 만든 모자를 썼다. 캐벌리어 햇(cavalier hat)이라는 남성 외출용 모자는 챙이 넓은데, 챙이 늘어지지 않게 모양을 유지할 수 있을 만큼 단단하면서도 재단을 할 때는 다루기 편한 재질이 필요했다. 이런 요구에 가장 부합한 것이 비버 털 펠트였다. 일찍부터 러시아와 스칸디나비아 등 발트 해 연안 국가들과 교역이 활발했던 네덜란드는 비버 털을 수입해 펠트를 만들어 전 유럽에 공급하고 있었다. 허드슨의 탐험 기록을 본 네덜란드인 개인 사업자 몇 명이 허드슨 강변에 진출해서 현재 뉴욕 주 알바니에 원주민과 비버 가죽을 거래하는 교역기지를 세웠다.[320]

민간인 교역기지들이 늘어나던 차에 국가로부터 대서양 교역권에 특허장을 받은 GWC가 등장했다. 1623년 GWC는 허드슨 강 입구 맨해튼 섬에 항구를 건설했다. '뉴암스테르담'이라 명명한 이 항구에 북아메리카 교역을 관장하는 본부를 둔 GWC는 이때부터 본국으로부터 체계적으로 이민을 받기 시작했다. 1624년에는 허드슨 강변에 흩어져 있던 민간인 기지들과 뉴암스테르담을 하나로 묶어 '뉴네덜란드'로 명명했다. 뉴네덜란드는 네덜란드 연방의 한 주로 인정되었고, 네덜란드 국토의 일부가 되었으므로 이후 이 땅에는 당시 유럽에서 가장 관용적이었던 네덜란드 법이 작동하게 됐다.

희대의 사기극, 맨해튼 구매 계약

1626년 뉴네덜란드에 프랑스 위그노 출신인 미누이트[321]가 첫 총독으로 부임했다.[322] 그는 허드슨 강변 토양이 아주 비옥하다는 것을 알고 교역 관련자만 아니라 농업에 종사할 이민자도 받아들였다. 뉴네덜란드를 진정한 의미의 식민지로 육성했던 것이다. 이로써 뉴암스테르담을 중심으로 하는 뉴네덜란드 식민지는 다양한 사람들이 모여들며 번성하기 시작했다. 미누이트는 영국인 청교도들이 정착한 플리머스를 비롯한 주변 다른 나라 정착지 관리자들과도 호혜적으로 교류하는 한편, 원주민 부족에게 60길더를 주고 맨해튼 섬을 구입하는 계약을 맺었다.[323]

미누이트가 원주민으로부터 맨해튼 섬을 구입한 사건은 네덜란드에서는 지금까지 하나의 전설로 내려오지만, 그 진위를 완전히 신뢰하기는 어렵다. 이 거래 외에 뉴네덜란드로 명명된 허드슨 강 연안 어떤 지역도 원주민에게 구입했다는 기록이 없는데, 유독 맨해튼만 '구매한다'는 계약서를 작성했다고 기록되어 있기 때문이다. 미누이트가 우스꽝스럽게도 원주민과 맨해튼 토지를 거래하는 계약을 채결한 배경에는, 되도록 원주민과 충돌하지 않고 합리적인 거래를 통해 관계를 설정하기 바라는 GWC 정책이 있었다. 만일 정착지가 원주민과 갈등하게 된다면 그것은 정착지에 더 많은 병력을 지원해야 한다는 것을 의미했다. 병력 지원은 비용만 들 뿐 그 자체로 이윤을 창출하지는 않으므로 회사 입장에서는 최소화하는 것이 최선이었다. 미누이트가 토지매매 계약을 채결한 것도 회사가 우려하는 바를 불식시키기 위한 것이었다.

원래 원주민에게는 땅에 대한 소유 개념이 없었다. 원주민

관점에서 땅은 공기나 물처럼 그냥 주어져서 쓰는 것이지 소유하고 매매하는 대상은 아니었다.[324] 따라서 미누이트가 채결했다는 매매계약은 네덜란드인만 이해한 일방적 계약이었다. 원주민은 네덜란드 화폐를 기념품으로 지니길 좋아했으므로[325] 땅을 갖는 대신 돈을 준다는 것의 의미를 정확히 모르고 그저 고개를 끄덕였던 것이다.

어쨌든 미누이트가 총독으로 있던 시절에는 맨해튼 섬 구매 전설이 가능할 만큼 원주민과 관계가 원만했다. 원주민들은 자신들에게는 흔했던 모피를 희귀한 물건을 받고 거래할 수 있으니 거절할 이유가 없었다. 원주민이 반긴 희귀한 물건 중 하나는 총이었다. GWC는 필요 이상으로는 사냥을 하려 하지 않는 원주민에게 총을 주며 더 많은 사냥을 하도록 독려했다.[326] 하지만 GWC는 철저하게 상업적 목적으로만 원주민을 대했기 때문에 이들의 권리를 고려하거나, 개종을 시도하지 않았다.[327]

층위가 다양한 이민자들의 공존

뉴암스테르담은 모피 거래를 위한 교역소와 같은 역할을 했으므로, 남북으로 길쭉한 맨해튼 섬 전체가 아니라 항구가 있는 남쪽에 물자와 인력이 집중되어 있었다. 그래서 GWC는 맨해튼 섬 북쪽 지역은 정착민들이 농사를 짓도록 불하했다. 그곳에 정착한 사람들은 미누이트 총독 시절 자기 자본 없이 농업을 목적으로 이민 온 사람들이었다.

한편, 1610년대부터 허드슨 강변에 자력으로 기지를 건설할 만큼 재력이 있었던 자본가들은 자신들이 개척한 땅의 소유권을 인정받아 대지주가 됐다. 패트룬(Patroon)이라 불린 이들은 토지를 경작할 노동자들을 각자 모집해서 중세 장원과 같은 구조를 만들었다.[328] GWC는 이들에게 네덜란드 정부 이름으로 각종 제재를 가하거나 세금을 부과했으므로 갈등이 생겼다. 하지만 양측 모두 독자 생존은 어려웠으므로 일정 수준에서 양보하며 공생하는 관계를 유지했다.[329]

뉴네덜란드는 확장을 거듭해서 동부 해안을 따라 현재의 코네티컷, 뉴저지, 펜실베이니아, 델라웨어에 이르렀고, 이 땅들은 대부분 패트룬이 소유하고 경작했다. 대규모 토지를 경작하기 위해 본국 등 유럽 전역에서 이민자를 받는 한편 아프리카 노예들도 활용했다. 1636년까지 뉴네덜란드에는 노예가 23,000여 명 있었는데, 이들은 아프리카에서 직접 사온 노예들이 아니라 중남부 아메리카에서 온 사람들이었다.

패트룬 장원과 뉴암스테르담과 같은 도시화된 지역에서 노예는 부족한 하층 노동력을 채우는 노동자 개념으로 대우

받았다. 개혁교회는 개종한 노예들을 신자로 관리했고, 노예의 자식들에게는 세례를 주었다. 따라서 노예에게도 기본적인 법적 보호가 이루어졌고, 제한적이었지만 사유재산을 가지고 법률 문서에 서명을 할 자격도 있었다. 1644년엔 노예 11명이 배우자와 함께 해방되었고 땅을 받기도 했다.[330]

개혁교회에서 파견된 목사들은 GWC 지원과 비호 아래 뉴네덜란드 전 지역 신자들을 관리했다. GWC 자체가 개혁교회 세력이 강한 젤란드 출신들이 주축이었기 때문에, 뉴네덜란드에 이주한 개혁교회들 역시 강성 캘빈 교리를 따르는 목사들이 주축이었다. 하지만 이들도 정착지를 유지하기 위해서는 어느 정도 관용을 발휘할 수밖에 없었다.

뉴네덜란드로 유입된 이민자 중에는 30년 전쟁을 피해 온 루터 파나, 프랑스 위그노, 영국 청교도에게 쫓겨난 퀘이커교도 등 캘빈 파가 아닌 개신교파가 있는가 하면, 아예 가톨릭 교도나 유대인도 있었다. 이들은 선원이나 군인으로 복무하는 경우가 많아서 함부로 내치기도 어려웠다. 더구나 패트룬이 소유한 땅은 중세 장원과 같이 일정 정도 관할권을 인정하고 있었기 때문에, 장원 내에서 보다 융통성 있는 종교 활동을 용인할 경우 이를 제재하기 어려웠다.[331]

GWC가 추구하는 실리에 충실했던 초대 총독 미누이트와 2대 총독 반 트빌러[332]에 비해, 3대 총독 키이프트[333]는 정착지가 좀 더 식민지답기를 바란 사람이었다. 그는 네덜란드 법이 넘이 식민지에서도 적용되어야 한다고 믿었고, 원주민에 대해서도 단호한 입장을 보였다.

이런 지향성은 '키이프트 전쟁'이라고 불리는, 원주민과의 대규모 충돌을 일으켰다.[334] 키이프트는 원주민과의 거래가 회사가 기대하는 정도로 수월하지 않은 점을 무력으로 해결하고자 했다. 그는 거래에서 속임수를 쓰거나 도둑질하는 원주민들에게 경고하는 의미로 그들의 거주지를 선제 습격했다.[335] 이렇게 1643년에 시작된 원주민 부족들과 정착민 간 분쟁이 1645년 종료될 때까지 천 명 이상 원주민이 학살됐다.[336] 원주민과 오랜 대치 상황으로 정착민들도 인명 피해를 당했고, 거기에 더해 언제 원주민들이 습격해 올지 모른다는 불안감이 커졌다. 나아가 원주민과 불화는 그들이 잡아오는 동물 모피를 구매하는 것으로 시작한 정착지 경제구조 근간을 무너뜨렸다. 결국 모피교역에 종사하던 정착민들은 떠날 수밖에 없었다.[337]

이렇게 회사 방침을 거스른 키이프트는 일찍 면직되었고,

1647년에 뉴네덜란드 식민지의 마지막 총독이 되는 스투이페산트[338]가 부임했다. 강성 캘빈 파 개혁교도였던 스투이페산트는 정착민 생활 관리에 집중했다. 특히 그는 정착지 내에 퍼져 있던 종교 관용에 철퇴를 가했다. 본국에서는 아무런 제약 없이 활동할 수 있었던 루터 파 목사를 처벌하고 추방하는가 하면, 퀘이커 교도를 포함해서 유대인 등 개혁교도가 아닌 모든 종파 활동을 제한했다. 단 한 번 예외가 있었는데, 1654년 브라질 식민지에서 이주하는 유대인들이 정착할수 있도록 허락한 것이다. 이것은 회사 본부 차원에서 강력히 권고했기에 가능했다.[339]

그가 세운 법에 의해 정착지 전체는 하나의 길드처럼 관리됐다. 새로운 이민자는 정착지 내에서 경제 활동을 할 수 없었고, 각종 생필품을 생산하는 사람들은 일정 가격 내에서만 판매를 할 수 있어서 서로 경쟁하지 않도록 했다.[340] 또한 그는 뉴암스테르담 거주지와 그 이북 경작지를 구분하기 위해 섬을 동서로 가르는 장벽을 쌓았다. 그 장벽이 있던 자리가 현재 월스트리트와 브로드웨이가 됐다.

사실 GWC가 정착지에서 관대한 정책을 채택했던 것은 자유나 관용이라는 근대적인 이념을 구현하려 했던 것이 아니었다. 단지 개인 자유를 보장함으로써 이민자들을 유인하는 것이 정착지 발전에 더 기여한다는 계산에서 나온 것이었다. 스투이페산트 정책은 종교 불관용에 더해 상업의 자유를 침해하는 경향이 있었지만, 정착지를 좀 더 안전하게 느끼게 하는 데 기여했다.[341] 1653년엔 정착민들 대표로 구성된 대의원회가 구성되어 총독과 함께 정착지를 운영했다. 스투이페산트는 패트룬과도 협조해 그들이 장원 관리를 독립적으로 할 수 있도록 허가했다.[342] 이런 자유화 조치로 스투이페산트 재임 중 뉴네덜란드 인구는 12,000명이 늘어났고, 그중 3,000명이 뉴암스테르담에 거주했다.[343]

네덜란드 정신이 지배하는 땅 '뉴욕'

스투이페산트가 벌인 정책으로 뉴네덜란드가 번성한 것은 아이러니하게도 이 지역에 대한 네덜란드 지배가 이른 종말을 맞도록 작용했다.

뉴암스테르담 정착지가 번성하는 동안 후세에 필그림파더스라고 불리게 된 영국인 정착민들이 개척한 뉴잉글랜드 지역도 영국 식민지 정책에 힘입어 급속히 세를 확장하고 있었다. 뉴잉글랜드 지방은 비옥한 토지여서 농사를 지어 자급자족 경제를 유지하는 것이 가능했다. 하지만 이 땅만으로는 생존할 수는 있지만 부유해질 수는 없는 구조였다. 바로 그

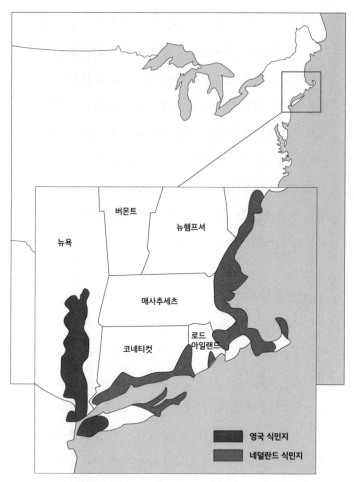

o 북아메리카 식민지

때 남쪽 강어귀에 자리 잡은 네덜란드 정착지가 번성하고 있었으니 욕심이 생길 수밖에 없었다.

17세기 들어 각자 아메리카와 아시아에 진출해 식민지를 건설하고 있던 네덜란드와 영국은 식민지 관리에서 완전히 다른 모델을 취하고 있었다. 네덜란드의 경우, 앞서 언급한 총독들은 뉴네덜란드라는 식민지 총독이었지만, 실제로는 GWC 뉴네덜란드 지사장과 같은 지위였을 뿐 아니라 임명권도 회사가 가지고 있었다. 따라서 이윤 추구가 최대 목적인 회사 운영자들은 이윤이 나지 않는 땅을 점유하는 것에 관심이 없었다. 이런 네덜란드와 달리 영국은 군대를 앞세워 영토를 차지해서 이를 여왕의 땅으로 선포하고 직접 지배하는 것을 원칙으로 하는 식민지 정책을 폈다. 무역에 필요한 규모의 점유만을 고집하는 네덜란드 식민지 정책은 적은 비용으로 정착지를 건설하고 소기의 이윤을 취하는 데는 유리했지만, 군사적인 방어에는 아주 취약했다.

비록 1650년대 이후 양국 간에 지속적인 갈등이 있기는 했지만, 그것은 북아메리카 정착지에 해당하는 것은 아니었다. 양 정착지는 서로 필요한 것을 지원하며 공생하는 관계를 유지해 왔다. 하지만 1664년 뉴잉글랜드에 거주하던 영국인들은 기회를 엿보다 본국 군대의 체계적인 지원 아래 뉴암스테르담을 침공했다. 본국으로부터 지원을 받지 못한 네덜란드 정착민들은 대량 살상의 우려 때문에 변변한 저항도 못해보고 항복했다.[344] 영국인들이 맨해튼을 손에 넣고 제일 먼저 한 일은 뉴암스테르담을 당시 왕의 동생이었던 요크 공작에게 바치면서 도시 이름에 그의 작위명을 붙인 일이었다. 맨해튼 섬은 이렇게 '뉴욕'이라는 새로운 이름을 얻었다.

영국에 항복한 뒤 스투이페산트는 남아 있는 정착민들의 권리가 최대한 보호될 수 있도록 영국 식민지 당국과 협상을 하고 그해 8월 항복문서에 서명했다. 문서에는 정착민들은 기존에 자신이 가지고 있던 재산권과 거주권 등 모든 법적 권리를 그대로 유지하는 것은 물론, 종교의 자유도 인정한다고 명시했다. 이것은 맨해튼 정착지가 당시 극도로 청교도적인 규범에 의해 관리되던 뉴잉글랜드 식민지 법이 아니라 네덜란드의 관용적인 법체계로 관리될 것이란 의미였다.

1654년 브라질 식민지에서 이주했던 유대인들도 그 혜택을 봤다. 이들은 항복문서 덕에 근거지를 옮기지 않고 살면서 현대에 이르기까지 번성할 수 있었다. 이것이 지금까지도 WASP(백인 개신교 남성)로 지칭되는 보수적인 분위기의 미국 동북부 지역 중에서 유독 뉴욕만이 여러 인종이 섞이며 다양성과 자유로움을 대표하게 된 배경이다.[345]

타산이 맞지 않는 사업의 예정된 실패

비록 GWC가 VOC와 똑같은 구조를 가진 회사임에도 두 회사나 낸 성과가 다를 수밖에 없었던 이유는 아시아와 대서양 무역 환경이 판이했기 때문이다. 가장 큰 차이점은 두 회사가 무역한 상대였다. 아시아에는 유럽인이 오기 이전에 이미 무역로와 무역선에 균형을 이룬 체계가 작동하고 있었다. 포르투갈을 필두로 아시아의 바다에 진출한 유럽인들에 의해 그 균형이 무너지긴 했지만, 기존 아시아 국가들도 이에 대응해서 새로운 무역 질서가 생성됐다. 그리고 유럽 어느 나라도 그 체계 운영을 온전히 주도할 수는 없었다. 따라서 후발주자였던 VOC도 비슷한 조건을 가진 경쟁자 입장에서 분발할 수 있었다.

반면에 아메리카와 아프리카에서는 선점자인 스페인과 포르투갈이 원주민 세력을 박멸 수준으로 제거하고 이미 자리 잡고 있었으므로, 네덜란드는 불리한 도전자 입장이 될 수밖에 없었다.[346] 처음부터 무리하게 조성된 네덜란드의 아메리카 식민지는 수리남을 제외하면 식민지를 유지한 기간이 고작 몇 십 년에 불과했다. 식민지를 유지하기 위해서는 기득권을 가진 이베리아의 두 국가는 물론 영국을 비롯해 유럽에서 온 새로운 도전자들과 군사적 충돌을 감수해야 했다. 전쟁을 감당하는 것은, 영토 확장을 노린다면 충분히 감내할 수 있는 부분이었겠지만, 이윤을 추구하는 회사로서는 그저 비용 상승을 의미할 뿐이었다. 식민지로부터 얻는 상업적 이익보다 유지 비용이 항상 초과되어 적자였던 회계 장부는 결국 GWC를 단 한 번도 이윤을 내지 못하고 파산을 맞은 회사로 남게 했다.[347]

GWC가 공략했던 아메리카 대륙은 유럽국들의 지배가 종식된 뒤에 그 후손들이 지배하는 유럽식 국가들이 건설됐다. 이들 국가들의 구성과 운영은 스페인과 포르투갈이 지배했던 중남아메리카와, 영국과 프랑스가 지배했던 북아메리카에서 다른 양상을 보였다. 원주민을 절멸시킨 북아메리카에 건설된 현재의 미국과 캐나다는 유럽인 후손이 지배하는 유럽국가 아류로 성장해 세계 패권을 거머쥔 반면, 원주민과 혼혈을 이루며 공존했던 중남아메리카에는 다수의 국가들이 건설되며 지금까지 부침을 계속하고 있다.

한편, GWC에 비해서는 엄청난 성공을 거두었던 VOC도 숙적 영국에 뉴암스테르담을 빼앗긴 것과 비슷한 사례가 있었다. 영국에게 빼앗긴 식민지는 아프리카 최남단 희망봉 기지였다.

IX

아파르트헤이트,
식민지 역사가 낳은 괴물

1.

아프리카의 이질적 식민지
희망봉 정착지

퇴직자들에게 불하한 땅

1487년 희망봉 발견과 1498년 바스코 다 가마의 인도 진출로 완성된 아프리카 연안 항로는 포르투갈의 국가 기밀이어서 다른 나라는 알 수가 없었다. 더구나 항해할 때 정박할 요지마다 포르투갈 요새가 있었기 때문에 100년 간 어떤 나라도 함부로 그 항로를 따라 갈 수 없었다.

16세기 말 각자 동인도회사를 설립하고 본격적으로 아시아 무역에 뛰어든 네덜란드와 영국에게 가장 큰 애로는 너무도 긴 항로였다. 이 문제를 해결하기 위해 VOC는 항로 중간 지점인 희망봉에 정박지를 건설했다. 암벽으로 이루어진 희망봉이 정박지로 선택된 것은 이미 아프리카 대륙 서해안 여러 곳에 요새를 운영하고 있는 포르투갈과 갈등할 필요가 없는 외진 곳이었기 때문이다.

1652년 VOC는 희망봉에 바타비아 간부인 리베크[348]와 직원 80명을 파견했다. 애초에 간이 정박지가 목표였을 뿐, 체계적인 식민지로 건설될 계획이 아니었기 때문에 이름도 지형 특징인 곳을 의미하는 카프 콜로니[349]라고 소박하게 붙였다.[350] 주된 기능이 유럽과 바타비아를 오가는 VOC 배들에게 중간 보급을 하는 것이어서 배후지에 식량을 재배하는 농장이 조성됐다. 그런데 시간이 지나며 VOC 배뿐 아니라 영국 등 여러 나라 배들도 여기에 정박하게 되면서 규모가 커져 회사에서 파견한 직원으로는 그 수요를 다 감당하기 어려워졌다.

리베크는 노예나 직원들만 필요 물품을 생산하는 것보다는 자유민에게 일을 맡기는 것이 더 효율적이라고 판단했다. 그래서 퇴직을 원하는 직원 9명에게 이곳의 땅 20에이커를 불하했다. 대신 이들은 회사가 지정한 물품을 생산해 회사가 정한 가격으로 납품할 의무가 있었다. 이렇게 해서 희망봉에 정착한 VOC 전직 직원들은 오랜 외국 생활로 이미 네덜란드 본국에는 가족이나 친척 등이 별로 없는 사람들이었다.

VOC는 약 150년 간 희망봉 정착지를 유지하면서 불필요하게 식민지를 키우지 않고 이윤만을 추구했다. 그래서 자유로운 이민을 허용하지 않고, 유입되는 이민자를 통제했다. 정착지에서 이루어지는 생산과 교역도 모두 회사를 통해서만 가능했다. 심지어 어떤 작물을 심는지도 회사가 결정했다.

정착지를 둘로 나눈 퇴직자와 이민자

정착지가 확대되며 네덜란드에서 이주민이 들어오기 시작했다. 이들은 근거지가 없는 고아거나 도피해야 할 이유가 있는 범죄자들이 대부분이어서 본국과 연이 없는 사람들이었다. 배경이 그렇다 보니 이들은 배움이 깊지 않았고, 매너 또한 잘 계몽된 네덜란드 본토인들과는 거리가 있었다.[351] 여기에 더해 1685년 루이 14세가 낭트 칙령을 폐지하고 위그노들을 탄압하자 국외로 탈출한 프랑스 위그노 중 일부가 이곳으로 이주했다.[352] VOC가 이들을 받아들인 것은 같은 개신교도라는 동질성도 있었지만, 이들이 고급 기술자여서 정착지에서 필요한 와인 제조 등에 활용할 가치가 있었기 때문이다.

리베크는 회사를 퇴직한 직원들이 원할 경우 땅을 불하하고 자유시민권을 부여하는 동시에, 희망봉 중심지 북쪽으로 가서 자유롭게 땅을 일굴 수 있도록 허락했다. 퇴직한 직원들은 절대 다수가 남성이었으므로 암스테르담 고아 소녀들을 집단 이주시켜, 정착지에서 자체 인구 재생산이 가능하게 만들었다. 하지만 정착자들은 선원이거나 상인에 가까웠으므로 좋은 농사꾼이 되기는 어려웠다. 더구나 희망봉 부근 지역은 강수량이 적어 토질이 비옥하지 않았다. 자연히 땅을 불하받은 사람 중에도 농업을 포기하고 다시 중심지로 돌아와 상업이나 제조업을 하는 경우가 생겼다. 따라서 농장에 남아 있던 사람들은 떠난 사람 몫까지 더 넓은 농지를 차지할 수 있었다. 그러자 넓어진 농지를 다 농토로 사용하지 않고 목축을 겸하게 되면서, 농장이라기보다는 목장에 더 가깝게 되어 갔다.[353]

다양한 노예들의 유입과 토착 부족과의 대립

희망봉이 초기 소규모 정박지에서 본격적인 정착지로 변모하자 일손이 부족해졌고, 부족한 노동력은 노예를 데려와 메우기 시작했다. VOC가 취급한 상품 중에는 노예도 있었는데, 이들은 아프리카인을 잡아 아메리카 플랜테이션 농장에 팔던 GWC 노예들과는 달랐다. 출신 지역이 아프리카뿐 아니라 중동과 남아시아 지역까지 다양했고, 자연히 인종만큼 언어와 종교도 다양했다.

노예는 정착지 도심에서는 일반 하급 노동자와 같은 일을 했고, 외곽에 있는 목장을 겸하는 농장에서는 그에 맞는 일을 했다. 이곳에는 아메리카와 같은 대농장이 존재하지 않았기 때문에 노예 소유주는 소규모로 분산되어 있었다. 외딴 농장에 분산되어 지내게 된 노예들은 서로 힘을 합쳐 반란을 꾀할 수 없었고, 현실에 순응해서 주인과 강하게 결속했다. 주인들은 다양한 배경을 지닌 노예들이 자신들의 정체성을 유지하는 데 관여하지 않았다. 노예들을 개종시키려 하지도 않았을 뿐 아니라, 아메리카의 스페인 농장주들처럼 노예들과 사이에서 혼혈을 만들지도 않았다.[354]

한편, 희망봉 정착지가 있는 지역은 전통적으로 코이코이(Khoikhoi)라는 원주민들의 생활 영역이었다. 이 지역은 강수량이 적어 농사를 짓기에 적당한 땅이 별로 없었으므로 코이코이족은 주로 유목생활을 했다. 리베크는 정착 초기에는 작은 부족으로 나뉘어 유랑하는 부족장들과 호혜적인 관계를 맺고 생필품 교역을 했다. 본격적인 정착민이 생겨나기 전까지 코이코이족은 정착지에 육류를 공급하는 역할을 했다.

코이코이족은 땅에 대한 특별한 소유 개념은 없었지만, 가축을 끌고 다니는 일정한 영역이 있었다. 그런데 정착민들이 그 영역을 지속적으로 침범하면서 필연적으로 갈등이 생겼다. 첫 분쟁은 1659년 코이코이족이 정착민 농장 가축을 무단으로 가져간 데서 발생했다. 이로 인해 서로 집단 거주지를 습격하고 살육하는 일이 벌어졌다. 하지만 코이코이족은 정착민이 가진 서구식 무기에 금방 진압됐다. 당시 코이코이족은 금속기를 다룰 줄 몰랐으니 싸움의 승패는 자명했다.

그럼에도 정착지에는 코이코이족에 대한 경계심이 높아져 정착지 주변에 울타리가 쳐지고 감시탑이 등장했다. 그 지역은 원래 코이코이족의 생활 터전이었지만, 정착민들도 더 이상 갈 곳이 없는 막장에 몰린 사람들이었기 때문에 양측은 지속적으로 처절한 생존투쟁을 할 수밖에 없었다.

2.

토착화된 후손들
아프리칸스의 나라

보어인, 토착화된 정착민의 후손

정착지에서 농장을 일구며 몇 세대를 보낸 정착민들은 18세기 중엽 이후에는 네덜란드인을 부르는 일반적인 명칭이었던 더치나 홀란더가 아니라 새로운 이름을 갖게 되었다. 네덜란드어로 농부라는 의미를 가진 '보어(Boer)'라는 이름이었다.

네덜란드 지배 말기가 되면 이민자 후손으로 외곽 농장에 거주하는 보어인들의 세력이 커졌다. 이들은 VOC를 퇴직한 뒤 넓은 토지를 소유함으로서 정착지 시내에서 유지로 군림하는 이들과 대립했다. 네덜란드인으로서 정체성이 분명하고 특권의식까지 가진 회사 전임 고위직 출신과 네덜란드 본토에서 유리되어 척박한 땅에 자신의 노력으로 뿌리를 내린 보어인 사이에는 깊은 간극이 존재했던 것이다.

보어인은 회사가 정한 규율을 엄격하게 적용하는 것을 거부하고, 본국과의 자유로운 무역을 허락할 것과 시민대표가 정착지 운영에 참여할 것을 요구했다.[355] 북아메리카 뉴네덜란드에서는 정착한 지 한 세대가 채 지나기 전인 1650년대에 이미 이런 요구가 있었다. 그와 비교해 희망봉 정착지 주민들의 자각은 매우 늦은 것이었다.

희망봉 정착지에서는 네덜란드 본국법이 준수되었지만, 실제로는 VOC 편의에 따라, 또는 현지 사정에 맞게 변형되어 적용되었다. 한 예로 여성의 지위가 네덜란드 본국과는 아주 달랐다. 정착지에는 속성상 지속적으로 여성이 부족했기 때문에 여성들은 일찍 결혼했고, 가능한 많은 자녀를 출산했다. 네덜란드인들이 2명 정도 자녀를 둔 핵가족을 이루었던 반면, 보어인 여성은 평생 6-7 명의 자녀를 출산했다.[356] 보어인 사회에서 여성의 임무는 출산을 통한 가족의 유지에 있었다. 같은 이유로 이혼을 하거나 과부가 되었을 때 쉽게 재혼할 수도 있었다. 이곳에도 네덜란드 시민법이 적용되고 있었으므로 여성은 재산권 절반을 가질 수 있어서 거듭된 결혼으로 재력이 있는 여성이 탄생하기도 했다.[357] 하지만 가정에

서는 가부장적 권한이 강해 여성은 존중받지 못했고 남녀가
겸상을 하지도 못했다.

보어인 대다수는 퇴직한 VOC 하급 직원 또는 네덜란드
본토와 연이 깊지 않는 하층민이거나 외국 출신이었기 때문
에, 정착지에서는 네덜란드 시민문화와는 다른 생활상을 보
였다. 그들은 보어인이라는 명칭에서 나타나듯이 농업에 종
사하고 대가족을 이뤘다. 네덜란드인은 유럽인 중에서도 자
신과 주변을 깔끔하게 관리한다는 평을 들었던 데 비해, 보어
인은 유럽인 중 가장 더러운 집단이라는 평이 나돌았다.[358]

보어인이 쓰는 언어는 네덜란드어를 기반으로 했지만, 시
간이 지나며 여러 나라 언어와 아프리카 토속어까지 혼합됐
다. 첫 세대부터 정상적인 네덜란드어를 구사하고 문자를 아
는 사람이 많지 않았던 데다, VOC는 정착민 교육에 큰 관심
이 없었다. 그 결과 보어인 언어는 각자 일상적으로 사용하
는 방법대로 다양하게 분기했다. 현재 보어인 후손인 아프리
카너(Afrikaaner)들이 쓰는 아프리칸스(Afrikaans)는 별도 언어로
인정되고 있다.[359]

보어인들은 기본적으로 VOC가 표명한 개혁교회를 계승
했다. VOC 지도자들이 가졌던 종교적 성향은 겉으로는 개
혁교회를 따르는 것으로 되어 있지만 실제로는 다양했고, 그

다양성이 인정됐다. VOC 설립자 중 주요 인물들이 유대인이었을 뿐 아니라, 정박하는 선박 선장과 선원들의 종교도 다양했기 때문이다. 이것은 강성 캘빈 파가 VOC를 거부하고 GWC를 설립하게 된 이유이기도 했다.

정착지 종교는 철저하게 회사가 추구하는 상업적 운영에 종속하는 성향이 컸으므로 특정 종파가 크게 번성하지 않았다.[360] 하지만 아프리카 원주민, 영국 등과 갈등을 거치며 보어인들에게서 신앙적 선명성이 다시 살아났다. 그들은 개혁교회 이념의 본류인 선민의식으로 단단히 무장하고 단합했다. 네덜란드 본국이 다양한 이민자들을 받아들이며 종교적 관용을 넓혀 나갈 때, 이 정착지 갈라파고스에서는 원리주의 개혁교회가 복원된 셈이었다.

보어전쟁, 다이아몬드 광산 쟁탈전

18세기 말에서 19세기 초까지 네덜란드 본국 정세가 급변한 여파로 보어인 정착지에도 변화가 생겼다. 인도 등 아시아에 식민지를 건설한 영국은 희망봉 정착지에 눈독을 들였다.

처음엔 VOC 정착지 주변에 자국민 정착지를 만들었던 영국은 1803년 네덜란드의 혼란을 틈타 희망봉 정착지를 점령해 버렸다. 영국식 명칭으로 케이프타운이 된 정착지에는 영국 이민자와 보어인이 함께 살게 됐다. 공용어는 영어가 됐고, 네덜란드어 사용은 금지됐다. 이 조치는 비록 신앙까지 금지하지는 않았지만, 자국어로 예배 예식을 행하지 못하게 함으로써 종교 생활에 타격을 줬다. 영국 국교회는 가톨릭 관점에서는 개신교지만 프로테스탄트 관점에서 보면 가톨릭에 가까웠다. 영국 지배에 대한 반감은 영국 국교회에 대한 반감으로 이어져, 보어인들의 개혁교회 원리주의 회귀를 가속시켰다.

이에 더해 1834년 영국은 노예 해방을 선언했고, 식민지도 따르도록 강요했다. 보어인 농장주에게 노예 노동은 필수적인 요소였기 때문에 그들은 공개적으로 영국 정책에 반기를 들었다. 보어인은 영국 정부에 항의하는 의미로 그동안 일구었던 농장을 버리고 정착지를 떠났다. 이때 정착지를 떠난 보어 이주민[361]은 12,000명에서 14,000명 정도였는데, 그들은 케이프타운에서 북동쪽에 위치한, 지금의 더반과 요하네스버그가 있는 지역으로 옮겨갔다.

보어 이주민이 새로 정착한 지역은 희망봉 근처에 근거를 둔 코이코이족 영역을 넘어 좀 더 광대한 줄루족 영역이었다. 줄루족은 목축을 하던 코이코이족과 달리 완전한 수렵 생활을 하는 부족이었다. 따라서 보어 이주민은 줄루족 사냥터를 침범할 수밖에 없었다. 실제로 줄루족은 지역 넓이에 비해 인구가 적었으므로 보어인 침범이 생활에 변화를 줄 정도는 아니었다. 그러나 사냥을 주업으로 하는 줄루족과 농사를 짓기 위해 땅을 개간하는 보어인이 공존하기는 어려웠다. 두 집단은 서로 타협을 모색하다가도 극단적인 살육을 동반한 분

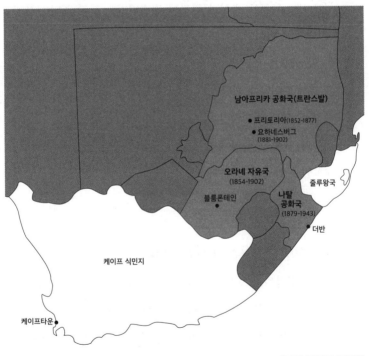

○ 대표적 보어인 나라들

쟁을 반복했다. 이에 한 농장에서 출발한 대가족 단위 보어인은 주변 다른 보어인과 연합해서 지역별로 나라를 세우고 줄루족, 그리고 뒤이어 영국과 대립했다.

보어인이 정착하고 나라를 세운 지역은 비도 적게 내리는 황량한 땅인 데다 줄루족으로부터 끊임없이 위협받았으므로 처음에 영국은 크게 관여하지 않았다. 그런데 그 지역에서 대규모 다이아몬드 광산과 금광이 발견되면서 사정이 달라졌다. 영국은 보어인들이 개척한 새 땅을 빼앗기 위해 침략전쟁을 일으켰다. 바로 보어전쟁[362]이었다.

결국 보어인이 세웠던 나라들은 영국에 굴복했고, 자치권을 가진 영국 식민지인 남아프리카 연방으로 재편됐다. 연방 인구의 다수는 줄루족이었지만, 유럽인 중에서는 보어인이 영국인을 압도하는 다수였다.

아프리카너와 아파르트헤이트

남아프리카 공화국은 아프리카 대륙 최남단으로, 온화한 날씨에 지하자원도 풍부해서 국가로 발전하는 데 유리한 조건을 가지고 있었다. 20세기 중반 아프리카 대부분 지역이 유럽국들 지배에서 독립했을 때, 이전 식민지 지배자들은 본국으로 귀환하고 아프리카인들이 지배층을 형성했다. 하지만 이들 국가들보다 훨씬 오랜 시간 네덜란드와 영국 지배를 받았던 남아프리카 공화국에는 그 땅의 주인이라고 인식하는 보어인 후손들이 있었다.

보어인들은 특권의식도 있었고 영국인을 피해 이주하는 과정에서 줄루족과 지속적으로 갈등했기 때문에 흑인에 대한 거부감과 편견이 심했다. 보어인이 남아프리카 연방 행정을 좌우할 수 있는 주도권을 쥐게 되자 스스로를 새로운 정체성인 '아프리카너'로 부르며, 영어를 사용하는 영국계 유럽인과 자신들을 구분했다. 그들은 정권을 잡은 1924년 인종차별법을 제정하고, 1950년엔 이를 심화시킨 인종등록법을 제정해서 사회생활 전반을 인종별로 구분하는 일명 '아파르트헤이트'를 실행했다.

아프리칸스어로 '분리'를 뜻하는 이 악명 높은 아파르트헤이트는 남아프리카 공화국이 영국으로부터 독립한 이후에도 지속되어 세계의 지탄을 받았다. 특히 세계 여론을 주도하는 유럽 국가들은 분리정책을 고수하는 남아프리카 공화국을 고립시켜 그 정책을 포기하게 하려고 노력했다. 그 한 예가 올림픽 등 국제적인 운동경기 대회에서 남아프리카 공화국 선수를 배제하는 조치였다. 그럼에도 아파르트헤이트는 1994년까지 존속했다. 이 정책은 세계에서 가장 오랜 기간 수감

생활을 한 정치범으로 기록된 넬슨 만델라[363]가 남아프리카
공화국 대통령이 되고 나서야 철폐됐다.

X

에필로그

영국이 보어인 정착지를 점령했던 1803년, 조국 네덜란드는 식민지 정착민들을 위해 해줄 수 있는 것이 아무것도 없었다. 실상 그들이 떠나왔던 네덜란드 공화국은 더이상 존재하지 않았다. 보어인의 원 고용주였던 VOC도 이미 파산 선고를 받고 해체된 뒤였다. 기댈 곳이 없었던 보어인들은 속절없이 영국의 지배를 받아들여야 했다. 그동안 네덜란드에는 무슨 일이 있었던 것일까?

네덜란드의 근본 문제는 건국 초기인 황금시대에는 강점으로 칭송받았지만, 18세기에 들어서부터는 단점이 더 많이 노출된 공화제에서 나왔다. 네덜란드의 공화제는, 미국 독립을 주도했던 세력이 신생국의 통치 구조로 느슨한 연방공화제를 채택할 때 참고했던, 선진적인 체제였다. 그러나 왕도 통령도 없는 네덜란드 공화국을 이끌었던 레헨트의 과두정치는 200년의 세월을 지나는 동안 계급 이익에만 매몰되어 경직되었고, 당연히 부패와 비효율이 판을 치게 됐다. 한때 인류 역사상 최대 회사로 황금알 낳았던 VOC는 세습되는 레헨트 이사들의 부정으로, 설립 100주년이 된 18세기에는 위부터 썩었다는 평가를 받았다.[364]

이 기간 영국은 청교도혁명과 명예혁명을 겪으며 왕권을 제약하고 시민계급의 목소리를 수용할 수 있는 국가 체질을 만들었다. 반면 전제 왕권과 귀족 세력이 완강했던 프랑스는 명예혁명 뒤 100년을 더 버텼지만, 결국 봇물처럼 터진 격렬한 시민혁명을 경험했다. 이때에야 비로소 네덜란드에서도 변화 요구가 분출했다.

네덜란드에서 레헨트를 몰아내고 정권을 잡은 집단은 프랑스 대혁명을 통해 각성한 반체제 인사들, 일명 자유주의자들이었다. 영국이 보어인 정착지를 점거하던 시기에 그들의 고국은 자유주의자들이 세운 바타브 공화국으로 개명한 상태였지만, 내적인 혼란으로 해외 식민지를 건사할 능력이 없었다. 자유주의자들이 레헨트만큼 해외 자산에 이권을 가지고 있지 않았기 때문이기도 했다.

바타브 공화국은 얼마 가지 못하고 나폴레옹 군대에 점령된 뒤, 프랑스 속령인 홀란드 왕국이 됐다. 홀란드 왕국의 왕은 나폴레옹의 동생이었다. 스페인으로부터 독립한 지 200

여 년 만에 다시 속령의 운명이 돌아온 것이다. 전제 군주를 처형하고 공화제를 채택한 프랑스는 일명 나폴레옹 전쟁(1797-1815)이라 불리는, 전 유럽을 상대하는 전쟁에 돌입했다. 영국이 주도하는 유럽 군주국 연합과 프랑스 간 진행됐던 전쟁 기간 동안 네덜란드인들은 프랑스군에 차출되어 종군해야 했다. 나아가 나폴레옹이 영국에 타격을 입히기 위해 내린 대륙봉쇄령은, 목표였던 영국보다 해외 무역을 기반으로 했던 네덜란드 경제에 더 큰 타격을 주었다.

나폴레옹이 유배지에서 탈출한 뒤 벌어진 워털루 전투[365]에서 네덜란드는 연합국에 속한 덕에 승전국 대열에 낄 수 있었다. 프랑스 세력이 물러간 네덜란드는 입헌군주제를 채택한 왕국으로 거듭났다. 왕위는 침묵공 빌렘의 후손[366]이 이어받았다.

나폴레옹 통치는 아이러니하게도 저지대 전체가 통일되는 결과를 낳아 그 땅에 재건된 네덜란드 왕국은 자연스럽게 벨기에를 통합했다. 그러나 개신교도 왕이 통치하는 네덜란드 왕국에서 국민 대부분이 가톨릭 교도였던 벨기에는 당국의 종교정책을 자신들에 대한 탄압으로 여겼다. 이에 더해 프랑스와 가까워 이미 일상어로 프랑스어를 사용했던 벨기에인에게 네덜란드어를 국어로 강요한 것도 반감을 높였다.

그러던 차에 독립을 향한 작은 불씨가 던져졌다. 1830년 8월 브뤼셀에 있는 왕립극장에서 '포르타지의 벙어리 처녀'라는 프랑스 오페라가 공연됐다. 이 오페라의 주제는 스페인 통치를 받던 나폴리 시민들이 독립을 위해 봉기하는 내용이었다. 이 오페라에 나오는 민중의 합창을 듣고 공연장에 있던 관람객들은 모두 거리로 뛰쳐나갔다. 사전에 계획되진 않았지만 오래전부터 토대를 쌓고 있었던 봉기가 일순간에 일어났던 것이다.

단 15년 간 통일되었던 저지대는 벨기에가 독립하면서 다시 분단됐다. 영국 등 승전국들이 네덜란드 왕국의 저지대 통합을 승인했던 이유는 프랑스를 견제하기 위해서였다. 그러나 막상 통합된 네덜란드 왕국은 해외 무역에서 경쟁자인 영국에게 위협이 될 것임이 자명해지고 있었다. 그때 벨기에가 독립을 요구하자 이를 재빨리 승인해 버린 것이다.

이로써 네덜란드는 이웃 국가들인 프랑스, 영국, 독일보다 훨씬 작은 규모 국가로 축소되었고, 이들과 더 이상 제국주의 경쟁을 할 수 없게 됐다. 그 후로 현재까지 200여 년간 네덜란드는 공화국 시절 누렸던 대외적인 위상을 회복하지 못하고 있다. 네덜란드 건국 이후 400년 역사는 이렇게 마무리됐다.

네덜란드 왕국의 지난 역사는 고만고만한 서유럽 소국들과 비슷해서 우리같이 멀리서 보는 사람이 그것을 세세히 구분하기는 어렵다. 그렇다면 현재 네덜란드 왕국은 공화국 시절보다 퇴보한 것일까? 국민 개개인의 삶의 질과 행복도를 생각하면 "아니요"가 될 것이다. 경제력은 국력과 국민의 행복을 견인하는 중요한 기반인데, 그 경제력을 따지자면 네덜란드는 GDP에서 세계 17위, 1인당 GDP는 세계 10위인 국가이다.[367] VOC 전통은 여전히 살아 있어서 국가 경제 규모에 비해 세계적인 다국적 기업이 많은 나라이기도 하다.[368] 그 기업들은 대부분 19세기 중후반에 처음 설립되어 100여 년 이상 기술 변화와 산업구조 조정에서 살아남았다. 그리고 사회 수준을 가늠할 수 있는 UNDP(유엔개발계획)의 각종 지수들도 10위권에 들고 있으니, 한마디로 네덜란드는 여전히 부유할 뿐 아니라 국민들이 자유로운 삶을 살고 있는 강소국이라 할 수 있다.

연구의 한계, 네덜란드 공화국의 빛과 그늘

지금까지 네덜란드가 빛나던 시절인 건국 이후 100년, 17세기를 돋보기를 대고 보았다. 책을 마무리하면서 이제까지의 내용과는 조금 다른 차원의 이야기를 덧붙이고자 한다.

먼저 기존에 나와 있는 자료를 모아 재구성한 이 이야기가 모든 면에서 공정하다고 자신하기 어려운 한계가 있다는 것이다. 여기에 등장하는 많은 사건들에서 네덜란드와 맞은편에 위치했던 상대들에 대한 이야기는 거의 하지 않았다. 그 이유는 당연히 이 책의 주인공이 네덜란드이기 때문이다. 하지만 속을 들여다보면 그 사건들에 대한 정보를 얻는 데 네덜란드를 중심으로 연구된 자료들을 주로 활용했기 때문임을 인정하지 않을 수 없다.

근대 이후 유럽국 중 제국주의를 추구했던 나라들이 다 그랬듯이 네덜란드도 식민지를 개척하며 많은 과오를 저질렀다. 중국 자료를 보면, 네덜란드인은 홍모이(紅毛夷)라 불리며 가장 잔인한 악당으로 묘사되어 있다. 이제는 네덜란드인이라고 하기는 어려울 수도 있지만, 네덜란드인 후손인 아프리칸스가 남아프리카 공화국에서 저지른 아파르트헤이트 역사에서는 관용과는 완전히 대치되는 모습을 볼 수 있다. 이보다 더했던 것은 동인도회사가 반다 제도 주민들에게 행했던 만행일 것이며, 카리브 해에서 노예 상인으로 상당한 지분을 가지고 있었던 서인도회사의 야만적 활동도 있었다.

역사에 두각을 나타냈던 패권국들은 어떤 나라든 당대의 가치를 가장 잘 구현한 나라들이었다. 그런 의미에서 17세기 패권국이었던 네덜란드가 구현했던 당대의 가치는, 캘빈의 율법에 따라 사는 개신교도의 삶과, 돈을 향한 치열한 열정으로 표현되는 자본주의 사회를 실현했다는 점이다. 하지만 율법의 가치는 네덜란드 안에서만 발휘되었을 뿐이다. 이미 천국이 예정되어 있다고 믿었던 네덜란드인들은 외부인과 그 천국을 나눌 생각이 없었다. 개혁교회는 종교개혁 이후 지속적으로 생성됐던 다양한 개신교 종파 중 하나였을 뿐이어서, 네덜란드가 패권국 지위를 상실하면서 그들이 지켰던 율법도 변질됐다. 네덜란드가 발전시켰던 자본주의 구조도 산업혁명 이전 단계에 머물고 있어서 현재는 산업자본주의 전 단계 정도로 평가될 뿐이다.

더치 자본주의의 진정한 유산, 관용

그러면 네덜란드가 후대에 남긴 진정한 가치는 무엇일까? 그것은 아이러니하게도 저지대인의 DNA에 내장되어 있었지만, 율법과 돈이 가장 배척했던 것에서 나왔다고 생각한다. 바로 '관용'이다. 내가 이 나라에 호감과 존경심을 가지고 있다면 그것은 이 나라가 키운 관용정신을 향한 것이다. 물론 17세기 네덜란드가 실현했던 관용을 지금의 기준으로 보면 여전히 편협한 것이다. 하지만 당시 수준에서 네덜란드는 분명

다양한 신념이 공존할 수 있는 토대를 만들었다고 평가할 수 있다. 그 토대야말로 17세기 네덜란드를 지금 우리가 기억할 가치가 있는 나라로 만든 최고의 시대정신이었다.

네덜란드에서 관용은 에라스무스 이후 실재하는 법이나 행동으로 표현되었을 뿐 정돈된 글로 정립된 사상은 아니었다. 네덜란드인들은 사회를 운영하며 관용이 더 이익이 되는 길이라는 것을 본능적으로 알고 있었다. 정신적인 이상에 기반한 동정심에서가 아니라 사회 구성원이 피부로 느껴 관용을 실천했으므로 사회 갈등을 초래하지도 않았고, 표리부동의 이중성을 보이지도 않았다. 이런 이유로 네덜란드가 실천했던 관용은 지속가능한 것이었다.

경제 분야에서 관용성을 보여주는 예는, 동인도회사를 세우는 데 이베리아 반도에서 넘어온 유대인 상인들의 역할이 컸다는 점, 그리고 동인도회사가 모든 시민에게 주주가 될 수 있는 기회를 제공한 점 등에서 찾을 수 있다. 유대인들이 캘빈 교리가 시퍼렇게 살아 있는 이 개신교 신생국 경제사에서 그렇게 중요한 역할을 할 수 있었던 것은 이 사회가 그들을 받아들이고 활동할 수 있는 여건을 제공한 덕이었다.

관용의 땅 네덜란드에는 당시 유럽 각국에서 환영하지 않았던 천재와 재력가들이 모여들었다. 그들은 네덜란드에서 활동 공간을 확보하고 재능을 꽃피웠고, 이것은 황금시대 네덜란드의 문화적 자산으로 축적됐다. 예술 분야를 보자면, 바로크 미술을 꽃피운 네덜란드 화가들 중엔 가톨릭 신앙과 관계 깊은 이들이 많았다. 문화 부분에서 관용을 통해 이룬 성과는 이미 시효가 지난 율법이나 경제적 가치보다 오래 기억되고 후대에 영향을 미쳤다.

부록 :
덧붙이는 보충 자료

네덜란드와 영국, 협력자 또는 경쟁자

오래된 경제 동반자

저지대는 영국과 좁은 북해를 사이에 두고 마주하고 있었으므로 일찍부터 긴밀한 교류관계를 맺었다. 특히 두 나라가 경제적인 연계를 돈독히 쌓은 것은 양모 생산자와 수요자로서였다. 중세 말 저지대 플랜더스를 중심으로 모직물 산업이 발달하면서 영국은 원료인 양모를 조달하는 역할을 담당했다. 저지대에 양모를 파는 것은 중세 이래 영국의 가장 큰 산업이었다. 농업이나 어업 등 1차 산업을 통해 겨우 자급자족 수준에 머물러 있던 가난한 영국 경제에 현금 수입을 기대할 수 있는 것은 양모밖에 없었다. 영국 농부들은 부업으로 양을 키웠고, 플랜더스 상인들이 각 지역을 돌면서 양모를 수거하고 현금을 지급했다. 규모가 큰 농장을 가지고 있는 지주들은 직접 플랜더스 지역 모직물 제조자에게 양모를 팔아 더 높은 수익을 올렸다.

양모를 판 수입은 왕 입장에서도 가장 확실한 과세원이었다. 플랜더스 상인들은 자신이 수거한 양모 양을 잘 알고 있었으므로 국왕과 결탁해 농민들에게 양모 수입에 세금을 매길 수 있도록 도왔다. 중세 말기인 15세기에는 사업에 눈 뜬 영국 귀족 등 대토지 소유자들이 경작지를 갈아엎고 양을 키우기 시작했다. 이것이 제1차 인클로저 운동이었다. 이 과정에서 귀족과 국왕은 현금 수입을 얻을 수 있어서 좋았지만 경작지를 빼앗긴 농민들은 굶주려야 했다.[369]

영국 재정에서 양모가 차지하는 비중이 커질수록 원료 상태로 파는 것에 문제의식을 가지게 됐다. 영국은 네덜란드의 독주를 막아 보고자 양모 수출을 금지해 보기도 하고, 직접 모직물을 직조해서 수출하려 시도하기도 했다. 이런 노력은 16세기 후반 종교적인 탄압을 피해 이주한 위그노 기술자들이 합류하면서 결실을 맺었다. 네덜란드는 이에 대응해 영국산 모직물 수입을 금지하는 것으로 맞섰다. 네덜란드가 취한 수입 금지 조치로, 영국은 모직물을 생산했지만 팔 수가 없었다. 영국으로서는 네덜란드를 통하지 않고는 유럽 모직물 유통망에 접근할 수 없었던 것이다. 결국 이 싸움은 다른 차원의 가공무역 형태로 해결됐다. 영국 업자가 자국에서 직조한 모직물을 네덜란드에 수출하면 네덜란드 업자가 여기에 염색 등 마무리 가공을 해서 각국으로 수출했다. 아직 독점적인 상품 시장이 되어 줄 식민지를 확보하지 못했던 17세기까지 영국 사정은 그랬다.

한편, 정치적 측면에서 16세기 중반 이후 영국은 독립전쟁을 수행하는 네덜란드에게 가장 든든한 우방이었다. 과정은 달랐지만 두 나라는 천 년간 이어진 가톨릭 틀을 깨고 나와 새로운 기독교 신앙을 추구하는 동지이기도 했다. 영국이 북방에 위치한 별 볼 일 없는 빈국에서 유럽 강자로 등장하는 결정적 계기는 1588년 스페인 무적함대 격파였다.

스페인 펠리페 2세가 영국을 침략하기로 결정한 1588년은 네덜란드 공화국 건국을 선언한 해이기도 했다. 펠리페 2세는 개신교도인 엘리자베스 1세를 폐위시키고 자신이 영국 왕위를 차지하는 동시에 네덜란드에 대한 영국 지원을 차단하려는 목적으로 함대를 보냈다. 그러나 이 전쟁은 칼레 앞바다에서 영국이 대승하는 것으로 종결됐다.

첫 번째 전쟁(1652-1654) : 동맹에서 치열한 경쟁자로

스페인을 넘어 세계의 바다로 나가는 문을 연 1588년을 기준으로 영국과 네덜란드 경제 수준을 비교하자면 네덜란드가 월등

히 앞서 있었다. 산업적으로 영국은 네덜란드에 종속된 구조였다. 같은 북해를 배경으로 청어를 잡았지만, 영국은 자급자족에 머문 반면, 네덜란드는 전 유럽에 수출까지 했다. 양털을 생산한 것은 영국이었지만 그것을 가공해 고가의 모직물을 수출한 것도 네덜란드였다.

발트 해를 중심으로 유럽 최고 해운강국이었던 네덜란드에 비해 영국은 해적의 나라였다. 정당한 계약에 의해 수수료를 받고 물건을 이동시키는 해운과, 무력으로 배를 강탈하는 해적질은 하늘과 땅 차이가 나는 행위였다. 바이킹 영향을 받은 영국 해적은 일찍부터 명성을 날렸다. 특히 엘리자베스 1세 시대에는 국가 면책권을 받은 해적들이 스페인과 포르투갈 상선을 공격하는 것으로 국가 경제 한 축을 형성하기도 했다. 1588년 무적함대를 물리친 영국 해군 전력의 상당 부분도 이 해적선들이었다. 그중 가장 유명한 해적이었던 드레이크는 전쟁 승리로 여왕으로부터 작위를 받기까지 했다.

스페인 봉인이 풀린 뒤 앞뒤 안 가리고 신항로로 먼저 뛰어든 것은, 좋게 말해 모험심이라고 포장할 수 있는 해적 정신을 가진 영국이었다. 네덜란드인 바렌츠[370]가 북극항로로 진출하기 전에 영국은 이미 수차례 북극항로에 도전했다. 그리고 포르투갈이 지키고 있는 인도로 가는 항로에 먼저 뛰어든 것도 영국이었다. 인도 무역을 통합하기 위해 국왕 특허권을 가진 동인도회사를 설립한 것도 영국이 먼저였다. 네덜란드가 건국을 선언한 것이 겨우 1588년인 후발국이었기 때문에 당연한 현상이기도 했다.

17세기 초부터 동아시아에서 영국과 네덜란드의 동인도회사가 서로 경쟁했지만, 유럽 내에서 두 나라는 경쟁보다는 협력관계였다. 아직도 스페인과 독립전쟁을 수행하고 있는 네덜란드에게 영국은 항상 우군이었다. 그것은 세계 최강국이었던 스페인에 맞서야하는 영국이 합리적으로 선택한 처신이었다. 그런데 독일을 무대로 신·구교 국가 간 벌어졌던 30년 전쟁(1618-1648)이 신교권 국가의 승리로 종료되자, 이 태도에 변화가 왔다.

스페인으로부터 독립을 쟁취한 네덜란드에게 스페인은 더이상 적국이 아니었다. 아메리카를 경영하기에 힘이 부쳤던 스페인에게 네덜란드는 든든한 사업 파트너였다. 속령이 전쟁을 통해 독립을 쟁취했다면 서로에게 적대적인 감정이 쌓였겠지만, 다른 측면에서는 서로를 잘 알고 있으며, 익숙하다는 의미이기도 했다. 적에서 동업자로 전환된 네덜란드와 스페인 관계는, 동지였던 네덜란드를 빼앗겼다는 것과 적인 스페인이 강해졌다는 점에서 영국으로서는 이중 손실이었다.

이때 정치적인 문제도 개입했다. 1641년 청교도혁명을 통해 집권한 크롬웰은 왕을 폐하고 공화정을 개시했다. 그는 폐위된 왕이 살아 있는 한 왕정 복위 세력이 존재할 것을 우려해 1649년 찰스 1세를 참수해 버렸다. 그런데 이 청교도 공화국이 모델로 삼은 네덜란드의 총독인 프레데릭과 아들 빌렘 2세는 크롬웰이 참수한 왕을 동정하고 왕당파를 지원했다. 이렇게 정치 지도자들 사이에 의심과 반감이 커가는 사이 크롬웰은 네덜란드가 구축한 견고한 해상유통 체계를 깨기 위해 항해조례[371]를 제정했다.

1651년 제정된 이 조례는 중상주의 특징인 보호무역주의를 대표하는 규정들로 구성됐다. 우선 영국과 식민지에서 나가거나 들어오는 상품들은 영국이나 식민지 배로만 운반하도록 제한했다. '바다의 마부'라고 불리며 유럽 해운을 장악하고 있던 네덜란드 배가 타격을 입는 건 당연했다. 영국에 입항하는 배에는 영국 또는 식민지 출신 선원이 절반 이상 승선하도록 해서 국적 배를 활용할 수밖에 없도록 했다. 여기에 더해 식민지로 가는 모든 상품은 영국을 거쳐야 하고 이때 수입관세를 물도록 했다. 그동안 영국은 자국에서 수출되는 상품에 세금을 높게 물렸던 반면, 네덜란드에는 그런 세금이 없어서 네덜란드산 상품이 항상 가격 경쟁력을 가질 수밖에 없는 구조였다. 그런데 이 조례를 통해 수입상품에 높은 관세를 부과함으로써 네덜란드 상품은 가격이 올라가고 영국은 세금 수입을 올릴 수 있게 됐다.

하지만 당시 영국 식민지 개척 정도나 영국 무역 비중으로 볼 때, 항해조례 제정이 네덜란드 해운에 결정적인 타격을 줄 정도는 아니었다. 네덜란드에게는 영국 외에도 다른 거래처가 많았다. 그래서 영국은 전쟁을 일으켜야 했다. 크롬웰이 가진 오라네 가에 대한 경계심도 한몫했다.

전쟁 필요성을 선전하기 위해 크롬웰은 오래전 암본 학살에 대한 복수심을 동원했다. 이렇게 시작된 첫 번째 영국—네덜란드 전쟁 양상은 네덜란드가 득세하는 북해나 발틱 해 거점에서 영국 해군이 싸움을 거는 방식으로 진행됐다. 하지만 네덜란드의 반격도 만만치 않아서, 1654년 종전협정을 맺을 때 영국이 승리했다고 하기는 애매한 전적이었다.

이제 막 정점을 향해 치닫고 있던 네덜란드 상인들로서는 하루빨리 전쟁을 종식되길 원했기 때문에 영국에게 조금 더 유리한 조약이 채결됐다. 전쟁으로 크롬웰이 얻은 것은 갑자기 죽은 빌렘 2세를 끝으로 오라네 가가 총독 직위에 오르는 것을 막았다는 정도였다. 이것은 전쟁 기간에 홀란드 정치를 장악하게 된 드 비트[372]가 의도한 것이기도 했다. 이 전쟁 결과 네덜란드는 브라질 점령지를 포르투갈에게 빼앗겼다.

두 번째(1665-1667)와 세 번째(1672-1674) 전쟁 : 시기심

크롬웰에게 참수된 아버지 뒤를 이어, 복고된 왕위에 오른 찰스 2세는 망명 생활 동안 오라네가로부터 도움을 받았을 만큼 네덜란드와 가까운 사이였다. 그럼에도 1665년 네덜란드와 영국 사이에는 두 번째 전쟁이 일어났다. 당시 영국이 뉴네덜란드를 점령하고 카리브 해에서도 갈등이 있었지만, 궁극적인 전쟁 원인은 영국이 어떻게 해서든 네덜란드와 전쟁을 하려고 안간힘을 썼기 때문이었다. 영국은 융성하는 네덜란드가 세계 각지에서 이룬 성과를 빼앗을 기회를 노리고 있었다.

이번 전쟁에서도 수차례 해전을 치렀는데, 최종 승리자는 네덜란드였다. 전쟁을 승리로 이끈 것은 네덜란드 제독 뢰이터[373]가 펼친 천재적 전술이었다.[374] 뢰이터는 중요 해전마다 그때 상황에 맞는 창의적인 전술을 써서 영국을 물리쳤다. 한편, 영국은 1666년 런던 대화재가 일어나 엄청난 경제적 손실을 입은 뒤 재정 상황이 나빠져서 전쟁에 더 이상 집중하기 어려웠다.

네덜란드는 상업에 중점을 두었고 항상 전쟁보다는 평화를 선호했으므로, 1667년 브레다에서 평화조약이 체결됐다. 이 조약으로 네덜란드는 이미 항복한 북아메리카 뉴네덜란드에 대한 영국 지배를 인정하는 대신, 수리남과 향신료 제도에서의 완전한 지배를 인정받았다. 이것은 당시 기준으로 네덜란드에게 유

리한 내용이었다.

이 조약으로 영국 동인도회사는 향료 교역을 포기하는 대신 인도에서 면직물 교역에 집중했다. 인도에서 수입되는 면사를 가공하는 과정에서 증기기관을 이용한 방적기가 발명됐고, 이것은 18세기 중엽 영국 산업혁명의 도화선이 됐다. 영국이 완전히 지배하게 된 북아메리카 동부는 18세기 후반 독립해서 미국이 됐다. 반면 네덜란드는 장기적으로 가격이 하락할 수밖에 없는 1차 산품인 향신료와 사탕수수 플랜테이션에 갇혀 산업혁명을 따라가지 못했다.

두 번째 영국—네덜란드 전쟁을 통해 1588년 이후 세계 최강을 자랑하던 영국 해군을 격파한 네덜란드는, 세계 최강 해양력을 보유한 국가로 인식됐다. 네덜란드는 명실상부한 최고 해운력과 함께 군사력도 최고가 되도록 해군에 많은 투자를 했다. 그러나 육군은 경시했다. 네덜란드가 육군을 육성하지 않았던 또 다른 이유는 홀란드 행정장관이었던 드 비트가 육군을 기반으로 하는 오라녜가 세력을 억제하려는 의도에서였다. 네덜란드 자체가 인구가 적은 소국이기도 해서 어차피 육군 구성은 외국인 용병에 의존하고 있는 실정이기도 했다.

한편, 바다와 육지에서 기세를 떨치는 네덜란드 경제를 질투한 것은 영국만이 아니었다. 국경을 맞대고 있는 프랑스도 영국

만큼 네덜란드에 열패감을 가지고 있었다. 더구나 프랑스 국왕 루이 14세는 가톨릭 군주였다. 영국이 네덜란드와 벌인 세 번째 전쟁은 1672년 프랑스가 네덜란드 본토를 침공하는 데 동맹국으로서 참전한 것이었다. 왕정이 복고되고 즉위한 찰스 2세는 크롬웰 집권기에 프랑스에 망명해 있었기 때문에 영국과 프랑스간 밀월은 자연스러운 것이었다. 게다가 이번 전쟁은 두 번째 전쟁에서 패한 찰스 2세의 복수전 성격도 있었다.

프랑스가 거침없이 침입해 오는 절체절명 상황에서 바다로부터 침공하는 영국마저 막지 못했다면, 네덜란드는 더욱 위태로운 상태에 놓였을 것이다. 하지만 해전에서 영국은 네덜란드의 상대가 되지 못했다. 뢰이터 제독이 아직 건재했기 때문이다. 세 번째 전쟁에서도 뢰이터는 영국과의 중요 해전에서 승리를 거두며 영국이 더 이상 침략할 마음을 먹을 수 없도록 타격을 주었다. 큰 타격을 받은 영국은 1674년 네덜란드와 웨스트민스터 조약을 맺고 일찍 전쟁을 끝냈다. 이 조약은 1667년 채결된 브레다 조약을 한 번 더 확인하는 내용이었다.

동시에 치른 프랑스와의 전쟁

그럼에도 네덜란드 본토는 육로로 침공하는 프랑스군에 짓밟혔다. 육군이 본토를 침략하면 당장 고통을 받게 되는 것은 민중이었다. 아직 전쟁의 승패가 결정되기도 전, 프랑스군 침공 소식만 듣고도 성난 민중들이 드 비트에게 린치를 가한 것은 그런 연유였다. 프랑스가 네덜란드를 침략했다는 것은 그 중간에 위치한 벨기에 지역을 이미 지나왔다는 의미였다. 당시 벨기에 지역은 스페인령에서 오스트리아 합스부르크로 지배권이 넘어간 상태였다. 자연스럽게 프랑스는 네덜란드뿐 아니라 오스트리아 합스부르크 군대와도 싸웠다. 대신 프랑스 동맹군에는 네덜란드 경제 독식에 반감을 가지고 있던 스웨덴과 독일 일부 공국이 포함됐다.

국가가 거의 전복될 순간에 프랑스군에 대적한 것은 그동안 드 비트에 의해 총독이 되지도 못하고 억압되어 있던 빌렘 3세였다. 이후 프랑스와 전쟁은 일진일퇴를 거듭하다 1678년 프랑스에게 유리하게 종료됐다. 이 전쟁으로 프랑스가 얻은 것은 국경지역 약간의 영토에 불과했지만, 유럽을 상대로 유리한 전쟁을 한 전공은 국내에서 루이 14세의 위세를 높였다. 자신감을 얻은 그는 스스로 태양왕이라 칭하고 눈엣가시 같던 낭트 칙령을 폐지해 버렸다. 이때 100만 명 정도로 추산되는 프랑스 위그노 중 절반 이상이 국외로 도피했는데, 그들 중 8만여 명이 네덜란드로 갔다.

17세기 네덜란드가 영국과 벌인 세 번의 전쟁에서 네덜란드가 참패를 한 적은 없었다. 종전 후 채결된 평화조약에서도 크게 손해를 보지 않았다. 하지만 자유로운 유통이 생명인 네덜란드 상인들에게는 전쟁 자체가 엄청난 피해였다. 특히 국토가 유린됐던 프랑스와의 전쟁이 끝난 뒤 네덜란드 황금시대는 급격하게 내리막길에 접어들었다.

명예혁명 : 게임 체인저

엘리자베스 여왕 치세기[375]동안 스페인 무적함대를 물리치는 등 영국은 세계 제국으로 성장할 수 있는 발판을 마련했다. 하지만 영국은 세계로 나오기 전에 국내 혼선을 먼저 정리할 시간을 가졌다. 17세기 내내 영국은 세계 각지에서 네덜란드 뒷전에 머물기는 했지만, 안으로는 오늘날 전 세계가 향유하는 시민정치의 기틀을 다지고 있었다. 그 과정이 때로는 파괴적이어서 깊은 상처를 내기도 했지만, 영국은 이를 극복하면서 내적으로 강한 정치체계를 구축할 수 있었다.

17세기 영국 사회는 전제적 왕권과 시민권, 가톨릭 신앙과 개신교 신앙이 동시에 격돌했다. 이 세력 충돌의 정점은 1642년 발생한 청교도혁명이었다. 영국 역사에서 유일하게 공화정을 실시한 기간(1642-1660)이었던 이때의 극단적인 경험으로, 영국인들은 이후 대립하는 정파들끼리 타협하는 방법을 학습했다.

가톨릭 군주였던 제임스 2세를 몰아내고 개신교 군주를 옹립한 1688년의 명예혁명은, 절대 공존할 수 없을 만큼 증오하는 상대들 간 대결이 무력을 사용하지 않고 종결된 데서 유래한 명칭이었다. 명예혁명으로 왕이 된 이는 침묵공 빌렘 후손인 빌렘 3세, 영국명으로 윌리엄 3세였다. 빌렘의 후손으로 17세기 패권국인 네덜란드의 홀란드와 젤란드 등, 주요 주들의 총독인 동시에 영국 왕이 된 윌리엄 3세는 자연스럽게 유럽 전체에서 가장 권위 있는 군주가 됐다. 그는 루이 14세가 펼치는 팽창정책에 대항해 이후 유럽외교사에 중요 화두가 되는 세력 균형을 설계했다.[376]

윌리엄 3세 시절 영국과 네덜란드는 자연스럽게 협력관계를 구축했다. 이로써 제3차 영국—네덜란드 전쟁이 남긴 상처도 어느 정도 치유되는 듯했다. 하지만 그의 사후 두 나라는 다시 세계 곳곳에서 불꽃 튀는 경쟁을 벌였다. 하지만 이때는 이미 황금시대 네덜란드가 누렸던 위세는 사그라든 뒤였으므로 영국이 세계 곳곳에서 네덜란드에 우세를 보였다.

네 번째 전쟁(1780-1784)과 공화국의 마지막

세 번째 전쟁이 종식된 지 100년이 지난 뒤 영국—네덜란드 간 마지막 전쟁이 발생했다. 이 전쟁으로 중세부터 이어져 온 영국과 네덜란드 간 우열관계는 완전히 뒤집혔다. 전쟁 발단은 네덜란드가 독립을 선언한 미국을 지원하는 것을 차단하기 위한 영국의 선제 조치였다. 1664년 네덜란드는 북아메리카 근거지를 모두 영국에게 빼앗겼지만, 그 뒤에도 꾸준히 영국 북아메리카 식민지와 무역관계를 유지했다.

미국이 독립할 때 네덜란드 초기 이민자들도 그 일부가 됐다. 200년 전 성공한 네덜란드 공화국 모델은 미국 독립운동가들에게 직접적인 영감을 주었다. 1776년 선포된 독립선언서를 작성하는 과정에는 1581년 유트레히트 연합이 스페인 국왕 필리페 2세에게 보낸 결별서[377]가 참고됐다.[378]

미국이 세계 최강국의 반열에 오른 영국에 대항해 독립을 쟁취할 수 있었던 결정적 요인 중 하나는, 영국을 견제하려는 네덜란드를 비롯한 프랑스 등 유럽국들의 지원이었다. 비록 영국은 독립전쟁에 패하며 미국이라는 식민지를 잃었지만, 같은 기간에 수행한 쇠락한 네덜란드와의 전쟁에서는 완전한 승리를 거두었다. 영국은 카리브 해와 동남아 지역에서 네덜란드를 완벽히 공략하면서 세계 제국으로서 면모를 과시했다.

미국 독립을 지원했던 프랑스는 지나친 재정 지출에 반기를 든 시민 항거로 거센 혁명기(1789-1994)를 보내야 했다. 프랑스가 시민혁명으로 혼란했던 기간에 네덜란드에서도 기존 체제에 대한 반감이 고조됐다. 공화제를 기반으로 200년 간 영화를 누렸지만, 영국과의 네 번째 전쟁에 패하며 경제는 회복 불능 상태에 빠졌다.

1795년 이런 네덜란드에 나폴레옹군이 침공했다. 나폴레옹은 네덜란드뿐 아니라 저지대 전체를 장악하고 이곳에 괴뢰 왕국을 세웠다. 근대 초기 유럽에 등장해 황금시대를 누렸던 패권국 네덜란드 공화국은 이렇게 역사의 한 페이지로 사라져 버렸다. 당시 일본 데지마의 네덜란드 상관에 걸린 국기는 세계 모든 땅에서 네덜란드기가 걸린 유일한 장소였다.[379]

부록2 :

상인의 나라 네덜란드의 자산들

오직 수익에만 충실한 '바다의 마부'

유럽은 르네상스 시기 이후 종교개혁이라는 사상적 변혁을 겪
는 한편으로 대양으로 뛰어들어 대항해시대를 열었다. 네덜란
드가 세계 역사 전면에 등장할 수 있었던 원동력은 그들이 선천
적으로 바다와 친숙한 사람들이었다는 데 있었다. 16세기 스페
인과 포르투갈이 새로운 항로를 개척하고 식민지를 만들던 시
기에 네덜란드는 조용히 북해와 발틱 해를 석권하며 어업강국
이 됐다. 네덜란드가 17세기 해양대국이 된 배경에는 15세기부
터 청어잡이로 유럽인들에게 단백질을 공급했던 홀란드, 젤란
드, 그리고 프리슬란드 어업 자산이 있었다. 고대로부터 북해 청
어어장을 활용한 것은 영국이나 스칸디나비아 국가들이었지만

15세기 이후에는 네덜란드에 속하는 이 3개 주 어부들이 주도권을 쥐게 됐다.

네덜란드 청어잡이는 청어를 다듬어 저장하는 신기술[380]이 있었고, 청어잡이에 특화된 배[381]를 제조했으며, 라인 강을 따라 내륙으로 수출할 수 있는 판로를 확보하고 있었기 때문에 다른 경쟁국들을 압도할 수 있었다. 17세기에 청어가 잘 잡힐 때 기록으로 보면 네덜란드 어선이 잡은 청어는 200백만 마리 정도로 추산된다. 이것은 전 유럽 생산량의 절반 이상에 해당하는 양이었다.[382] 이렇게 잡은 청어는 주로 발트 해 연안 국가들이나 내륙 수로를 통해 독일로 수출됐다. 밀과 같은 주요 식량작물을 재배하기 어려운 여건인 네덜란드는, 이들 지역에서 농산물을 수입하는 대신 청어를 수출함으로써 무역수지에 균형을 맞출 수 있었다.[383]

청어잡이 배를 개량한 사례와 같이 네덜란드인들은 기존 배가 가지고 있는 모양을 개선해 특정 기능에 더 적합하도록 하는 데 재능을 보였다. 이 재능으로 16세기 말부터 네덜란드는 어업 뿐 아니라 해운에서도 유럽시장을 석권하기 시작했다. 네덜란드 해운업 경쟁력은 싼 가격을 바탕으로 했는데, 가격 경쟁력은 플류트(Fluit)라고 불린 네덜란드형 수송선에서 나왔다. 이 플류트 선은 제조원가가 싸면서도 빨랐으며, 기존 배보다 더 많은 상품을 적재할 수 있었다.[384] 네덜란드 배는 싼 운임과 정확한 운송으로 국적을 가리지 않고 화주들의 마음을 사로잡았다.

17세기 네덜란드 배는 발트 해부터 지중해에 이르는, 유럽 대륙이 접한 모든 바다에서 물류의 절반 이상을 실어 날랐다. 이로 인해 붙은 별명이 '바다의 마부'였다. 또한 네덜란드 해운업은 국적을 가리지 않았다. 심지어 스페인과 독립전쟁이 한창일 때, 네덜란드 배는 스페인군 무기를 나르기도 했다. 스페인으로서는 자국 상선이 마땅치 않아 대안이 없었고, 네덜란드 선주들은 물건을 맡기는 고객이라면 적과 아군을 구별하지도 않았다. 이런 냉정한 태도는 네덜란드 배에 대한 신용을 높여주는 효과가 있었다.

이렇게 17세기 네덜란드는 탁월한 조선기술로 각 업종에 적합한 그들만의 특화된 배를 만들고, 개량형 배로 해당 업종이 번성함으로써 다시 배에 대한 수요가 창출되는 선순환 구조를 구축했다. 네덜란드가 다른 유럽국들보다 배를 만들기 유리했던 조건에는 여러 요소가 있었다.

16세기 최고의 조선기술을 보유한 국가는 대항해시대를 연 스페인과 포르투갈이었다. 네덜란드는 역사적으로 이 두 나라와 밀접하게 연결되면서 그들의 기술을 받아들이기 쉬웠다. 나아가 이 두 나라보다 유리한 조건이 있었는데, 배의 재료가 되는 통나무를 구하기가 유리했다. 네덜란드 국토는 진흙과 구릉 밖에 없어서 양질의 통나무를 구할 수 없었지만, 라인 강에 면한 독일 내륙 검은 숲에는 광대한 침엽수림이 있었다. 그 숲에서 자른 통나무들을 뗏목 형태로 라인 강에 띄워 암스테르담까지 흘려보냈다. 한편 발트 해로 간 무역선들이 스칸디나비아 반도 산림에서 벌채한 통나무들를 실어 오기도 했다.

네덜란드 조선 분야가 폭발적으로 늘어나는 배에 대한 수요를 감당할 수 있었던 또 다른 요인은 풍차였다. 1594년부터 통나무를 다듬는 데 풍차를 사용하는 기술을 개발하여 작업 시간과 노동력을 획기적으로 절약할 수 있게 되었던 것이다.[385]

저지대의 발명품 : 언덕마을과 풍차

저지대에 자리 잡은 네덜란드인들은 지구 기온이 차가워져 해수면이 낮아지자 해안가에 터를 잡았다. 그러다 날씨가 풀리며 해수면이 조금씩 높아지자 기왕에 개간해 놓은 농경지를 지키기 위해 둑을 쌓기 시작했다. 이렇게 형성된 둑들은 언덕마을이라고 불렸는데, 이 땅은 어떤 지주에게도 속하지 않는 농부들의 땅이었다. 저지대에는 중세시대 이미 최소한 1,200개의 언덕마을이 존재했다.[386]

언덕마을은 침수될 경우 모든 것을 잃었기 때문에 강한 결속력을 지닌 경제활동 단위가 됐다. 언덕마을들을 이룬 둑은 자연스럽게 간척지로 이어졌다. 사람들은 이 간척지에서 이탄을 캤다. 이탄은 땔감으로 쓸 만한 나무가 부족한 네덜란드 사람들에게 겨울을 따듯하게 날 수 있게 해주는 고마운 존재였다. 하지만 지속적인 이탄 채굴로 낮아지는 땅을 보호하기 위해 제방을 더 높일 수밖에 없었다.

제방으로 둘러쳐진 낮은 땅의 침수 문제를 해결해 준 것은 풍차였다. 물을 효율적으로 잘 퍼낼 수 있는 풍차를 이용하게 되면서부터 네덜란드인들은 아예 계획을 세워 습지에 제방을 쌓고 그 안에 경작지를 만드는 대규모 간척사업을 시작했다. 이런 간척사업은 하류 삼각주 지역에 위치한 홀란드와 젤란드 주에 집중됐다.

간척지에서 풍차 운영은 공동체 내에서 완벽한 분업을 이뤘다. 공동체를 이루고 사는 사람들은 하나의 유기체에 속한 부분처럼 서로 역할을 나누어 이타적으로 일했다. 풍차를 움직이는 것 자체가 경제활동이 될 수는 없었으므로 공동체가 그 비용을 지불했다.[387] 이것을 '간척지 정치'라고 했는데, 차츰 네덜란드 특유의 지역주의와 집단주의 성향으로 발전했다.

삼각주 지역은 강 상류와 바다를 연결하는 길목이므로 물산의 집적과 분산이 용이한 지역이기도 했다. 자연히 도시가 들어서기에 적합한 조건이었다. 삼각주 낮은 땅에 제방을 쌓고 세운 도시가 암스테르담과 로테르담 등이었다.[388] 간척지를 만들면 반드시 물을 흘려보내기 위해 운하가 있어야 했다. 간척지에 세운 네덜란드 도시들은 운하를 통해 서로 이어졌다. 운하와 강을 통한 교통로는 네덜란드 도시들뿐 아니라 독일 등 유럽 내륙으로까지 뻗어 있었다. 이 내륙 교통로를 연결하는 선박의 규모도 해운의 규모에 육박했다. 민물인 이 교통로는 겨울이 되면 얼어붙어 교통수단으로 말이 끄는 썰매가 활용됐다.

네덜란드 서부지역 도시들은 물이 차오르는 땅을 돋우어서 건설되었기 때문에 대지가 한정될 수밖에 없었고 당연히 땅값도 비쌌다. 게다가 주요한 수송로가 운하였기 때문에 집이 운하를 면하고 있어야 가치가 있었다. 이 가치는 공유해야 했으므로 자연스럽게 운하나 길에 면한, 앞면은 좁고 양옆이 긴 직사각형 형태의 대지에 보통 5층 정도의 높이를 가진 집들이 다닥다닥 붙어서 들어섰다. 길에 면한 면적을 기준으로 주택 세금을 매겼던 것도 이런 형태를 만든 이유가 됐다.

석재가 귀한 땅이었으므로 운하에 면한 주택들은 벽돌을 건축 재료로 활용했고 운하주택 주추는 돌이 아니라 통나무를 썼다. 암스테르담이나 델프트 같은, 홀란드 수로를 따라 늘어선 건물들은 모두 무수한 통나무 기둥 위에 서 있는 셈이다. 보통

집 한 채를 지으려면 40개 정도의 통나무 기둥이 필요했다. 현재는 왕궁으로 쓰이고 있는 암스테르담 시청사를 지을 때[389]는 13,000여 개의 기둥이 쓰였다.

책을 내는 마음

1   '대분기'논의가 대표적이다.

| 프롤로그

2   Jacob van Heemskerck (1567-1607)

3   Witte Leeuw, Alkmaar

4   Borschberg, Peter, "The Santa Catarina Incident of 1603: Dutch Freebooting, the
    Portuguese *Estado da India* and Intra-Asian Trade at the Dawn if the 17th Century",
    Review of Culture, 2004
    백사자호 규모는 540톤이었다(https://www.vocsite.nl/schepen/detail.phpid=11720).

5   Sebastião Serrão

6   Ittersum, Mattine Julia van, Profit and Principle: Hugo Grotius, Natural Rights The-
    ories and the Rise of Dutch Power in the East Indies, 1595-1615, Brill, 2006, 36쪽

7   Vereenigde Oostindische Compagnie, 유럽국 소속 다수의 동인도회사가 존재했으
    므로 구분을 위해 이하 VOC로 표기

8   私掠, privateering

9   일례로 당시 가장 유명했던 사략선 선장은 영국의 드레이크(Francis Drake)였다.

10 Felipe III (1578-1621)

11 Hugo Grotius (1583-1645)

12 물론 그로티우스가 주장하는 자연법 원칙에 적용되는 국가권력은 유럽국만을 뜻
    하고 항해와 무역의 자유를 가진 모든 배도 유럽의 배를 의미한다.

13 1494년 토르데실랴스(Tordesillas) 조약

II 신생국 네덜란드, 종교개혁의 완성품

14 Henri II (1519-1559)

15 Felipe II (1527-1598)

16 Willem I (1533-1584)

17 Charles V (1500-1558)

18 Cateau-Cambrésis, 1559

19 스페인에 종교재판소가 설치된 것은 1480년 이사벨라 여왕 때였다. 당시 스페인
    은 마지막 이슬람 왕국인 그라나다를 쳐서 800년간 지속됐던 레콘키스타를 완수

하기 직전이었다. 종교적 열정에 사로잡혀 있던 이사벨라는 스페인 안에서 가톨릭
으로 개종한 이슬람 교도와 유대인들의 신앙심에 의심을 품고 있었다. 유대인 개
종자 중 많은 수가 실제로는 몰래 자신들의 종교를 지키는 겉보기 개종자들이었
기 때문이다. 이사벨라가 교황청에 요청해 설치한 종교재판소는 이교도가 아니라
주로 개종한 아랍인과 유대인 기독교도의 본심을 의심하여 그들을 색출하고 처벌
했기 때문에, 방법이 더 교묘하고 잔인했다.

20 앙리 2세와의 면담 이후 스페인에 대한 충성을 버리고 독립의 의지를 키우게 됐지
    만, 빌렘은 독립전쟁이 발발하기 전까지 이 일을 발설하지 않았다. 이런 이유로 빌
    렘이 침묵공이라는 시호로 불리게 됐다. 침묵공이라는 별호와는 달리 빌렘은 다
    변이고 활달한 성격이었다고 한다.

21 네덜란드라는 말 자체가 '낮은 땅'이라는 뜻이다. 그러나 여기에서 저지대라는 용
    어를 쓰는 이유는 같은 민족적 뿌리를 가지고 역사 과정을 거친 저지대가 네덜란
    드라는 국명을 사용한 지역과 벨기에로 나뉘기 때문에 이들 전체를 말할 때는 저
    지대라는 일반적인 지명을 사용한다.

22 Duke, Alastair, *Dissident Identities in the Early Modern Low Countries*, Ashgate,
    2009, 9쪽

23 네덜란드의 도시와 주의 이름들은 네덜란드 원어 발음과 영어 발음이 달라서 혼
    란을 줄 때가 있다. 이 지역의 이름은 네덜란드어로 플란더렌(Vlaanderen), 프랑스
    어로 플랑드르, 영어로 플랑드르로 불린다. 여기서는 네덜란드어에 가까운 플랜더
    스로 표기한다.

24 Duke, Alastair, 9쪽

25 실제 연표에는 그가 재위에서 물러난 것이 1556년으로 나오므로 양위식은 그 전
    해에 거행된 셈이다.

26 Motley, John Lothrop, *The Rise of the Dutch Republic*, Harper&Brothers Publish-
    ers, 1898, 23쪽

27 Margaretha van Parma (1522-1586). 펠리페 2세의 이복누나였다.

28 Rietergen, P. J., A Short History of *the Netherlands: from Prehistory to the Present
    Day*, Bekking&Blitz Uitgevers b.v., 2008, 73쪽

29 Motley, 180쪽

30 성상파괴운동은 기독교만이 아니라 종교전쟁에서 흔히 발생했던 사건이다. 1566
    년 발생한 개신교도에 의한 성상파괴운동은 특별히 Beeldenstorm(성상파괴폭풍)
    이라고 부른다. 나중에 네덜란드 개혁교회의 주인이 된 캘빈 파는 이 시기를 '기적
    의 해'로 기념하고 있다.(Duke, 116쪽). 네덜란드가 독립하고 캘빈 파가 개혁교회
    로 국교가 된 뒤에는 이렇게 성상을 파괴한 자리가 그대로 보존된 성당을 자신들

의 개혁교회로 활용했다.

31 Fernando alvarez de Toledo, Duke of Alba (1507-1582)

32 반면 훈련된 알바 군대는 단 7명의 전사자를 냈다. Motley, 299쪽

33 독일인들은 에그몬트 백작(Lamoraal van Egmont, 1522-1568)의 비참한 죽음
에 큰 연민을 느꼈던 것 같다. 그가 처형당한 이야기는 괴테의 희곡 〈에그몬트
(*Egmont*)〉(1788)로 재탄생했고, 베토벤은 이 비극을 무대에서 공연할 때 연주할
서곡과 막간극을 작곡했다(1809).

34 이 숫자는 그의 재임기간 시작된 독립전쟁의 전투에서 희생된 전사자는 포함되지
않는다. 참고한 자료마다 숫자가 일치하지 않았다. 그 이유는 알바가 전투를 통해
살해한 민간인과 재판을 통해 처형한 개신교도 간에 혼선이 있어서인 듯하다.

35 독립전쟁 당시 실제로 네덜란드가 뿌린 선전용 팸플릿에는 빌렘의 영웅적인 모습
이 많이 묘사되어 있다.(Horst, Daniel, *William of Orange*, Rijke Museum, 2013,
14-16쪽)

36 Motley, 304쪽. 그는 대중 연설에 능하고 자신의 생각을 담은 선전문도 잘 썼다.

37 Motley, 447쪽

38 Motley, 303쪽. 1573년 처음으로 공식적인 캘빈 파 집회에 참석했다.

39 Wedgwood, C. V. William the Silent, Phoenix Press, 1944, 2쪽

40 오라녜(Oranje)는 오렌지(Orange)의 네덜란드어다.

41 Wedgwood, 15쪽

42 Motley, 12쪽

43 그에게 종교는 그가 구사했던 다양한 언어와 같이 필요에 따라 바꿔 사용할 수 있
는 정치적 도구였을 수도 있다.

44 Motley, 307쪽. "Pro lege, rege, grege" 는 라틴어 운율을 맞추기 위해 사용한 것으
로 추정한다.

45 Motley, 170쪽

46 Motley, 174쪽

47 거지들이 쓰는 동냥그릇을 흉내 낸 은으로 만든 액세서리 동냥그릇도 있다.

48 Motley, 176쪽

49 잉글랜드가 가톨릭 체계를 버리고 독자적인 국교회를 창립한 발단은 헨리 8세가
적장자를 낳기 위해 가톨릭이 금하는 이혼을 실행하기 위함이었다. 그 이혼 후 헨
리 8세는 앤 블린과 결혼하여 엘리자베스 1세를 얻었다.

50 "지금 구출되지 못한다면 굶어 죽을 것을 알고 있었어요. 하지만 불명예스런 죽음
보다는 굶어 죽는 것을 선택하겠어요. 만약 이 두 가지밖에 선택할 여지가 없다
면." Motley, 422쪽

51　Motley, 427쪽

52　현재의 레이덴 대학교(Universiteit Leiden)다. 빌렘의 후손인 현 네덜란드 왕가에서 배출한 군주들은 모두 이 대학교에서 수학함으로써 빌렘과 레이덴 대학교의 인연 은 계속 이어지고 있다.

53　Horst, 17쪽

54　Shorto, Russell, Amsterdam: *A History of the World Most Liberal City*, Vintage Trade Paperback, 2014, 80-83쪽

55　Alexander Farnese (1545-1592) 마르게리타의 아들이다.

56　Motley, 454쪽

57　결의문 13조 '누구도 종교적 이유로 박해받거나 검열되지 않는다.'

58　Israel, Jonathan, *The Dutch Republic: Its Rise, Greatness, and Fall 1477-1806* (Oxford History of Early Modern Europe), Oxford University Press, 1998, 374쪽

59　Israel, 412쪽

60　Horst, 5쪽

61　캘빈 파 목사들은 그가 아내를 바꾸듯이 종교를 바꿨다고 비난하며 그의 사후엔 그에 대해 종교적인 저주를 퍼붓기도 했다. Horst, 25쪽

62　Johan van Oldenbarnevelt (1547-1619)

63　Israel, 234쪽

64　Israel, 276쪽

65　한 예로 1610년 홀란드의 재정부담 비율은 75.14%였고, 이런 수준은 1586년부터 1792년까지 비슷하게 지속됐다. (Israel, 286쪽)

66　Maurits van Oranje (1567-1625)

67　1590년대 마우리츠 군대의 구성은 43개 영국 중대, 32개 프랑스 중대, 20개 스코 틀랜드 중대, 11개 왈룬 중대, 9개 독일 중대, 그리고 네덜란드 중대는 17개에 불과 했다. 대부분의 외국 중대는 용병에 가까웠다.(폴 케네디, 이일주·전남석·황건 역, 『강대국의 흥망』, 한국경제신문, 1988, 91쪽)

68　Frederik Hendrik (1584-1647)

69　1648년 채결된 베스트팔렌 조약은 5월 15일 오스나브르크와 10월 24일 뮌스터에 서 체결됐는데, 네덜란드의 독립을 다룬 것은 뮌스터 조약이다.

70　원래 빌렘의 후손이 아닌 다른 총독을 두었던 프리스란드 주와 흐로닝언 주만 총 독제를 지속했다.

71　Weststeijn, Arthur, "Republican Empire: Colonialism, Commerce and Corruption in the Dutch Golden Age", *Renaissance Studies*, 2012, v.26, n.4, 491-509쪽

72   Bartolomeu Diaz (1450-1500)

73   Vasco da Gama (1469-1524)

74   Christopher Colmbus (1451-1506)

75   최영수, "또르데질랴스 조약 연구" 『역사문화연구』 V.25, 2006, 323-370쪽. 지구는 둥글었으므로 포르투갈과 스페인이 세계의 바다를 양분하기 위해서는 두 줄의 경계선이 필요했다. 양국은 1529년 아시아 무역권을 가르는 사라고싸 조약(Treaty of Saragossa)을 체결했다.

76   해양폐쇄론(Mare Clausum)으로 불린다.

77   잉글랜드를 의미하나 서술 편의상 영국으로 표기한다.

78   주경철, "네덜란드 동인도회사와 아시아교역: 세계화의 초기단계", 『미국학』 V.28, 2005, 1-32쪽 주경철, "네덜란드 동인도회사의 설립과정", 『서양사연구』 V.25, 2000, 1-34쪽

79   Jan van Linschoten (1563-1611)

80   여행기의 제목은 『여정(Itinerario)』

81   Vries, Jan de, *The First Modern Economy: Success, Failure, and Perseverance of the Dutch Economy, 1500-1815*, Cambridge University Press, 1997, 383쪽

82   하네다 마사시, 이수역, 구지영 역, 『동인도회사와 아시아의 바다』, 선인, 2012, 72쪽

83   Charles River Editors, *The Dutch East India Company: The History of the World's First Multinational Corporation*, Kindle Edition, 2016, 145쪽

84   Masselman, George, "Dutch Policy in the Seventeenth Century", *The Journal of Economic History*, 1961, v.21, n.4, 455-468쪽

85   그들은 상대가 구입하지 못하게 할 목적으로 현지의 후추를 매점하기도 했다.(주경철, "네덜란드 동인도회사의 설립과정")

86   Amsterdam, Middelburg, Enkhuisen, Delft, Hoorn, Rotterdam

87   Heeren XVII

88   주경철, "네덜란드 동인도회사의 설립과정"

89   요즘 가치로 환산하면 1억 유로(약1,200억원) 정도라고 한다(로데베이크 페트람, 조진서 역, 『세계 최초의 증권거래소』, 이콘, 2016, 43쪽).

90   로데베이크 페트람, 62쪽

91   로데베이크 페트람, 179쪽

92   이사들은 요즘 주식회사를 기준으로 보면 상임이사에 해당하고 17인 위원회는 CEO에 해당한다고 할 수 있다. 이사들도 다른 주주들과 마찬가지로 전체 자본

규모에 비하면 적은 지분을 나눠 갖는 유한 책임의 전문 경영인으로 볼 수 있다.

93 주경철, 앞 논문

94 Borschberg, Peter, "The Seizure of the Sta. Catarina Revisited: The Portuques Empire in Asis, VOC Politics and the Origins of the Dutch-Johor Alliance(1602-c.1616)" *Journal of Southeast Asian Studies*, V.33 N.1, 2002, 31-62쪽

95 홍기원, "그로티우스의 『자유해양론』(1609)과 셀든의 『폐쇄해양론』(1635)의 논거 대립: 해상무역권 및 어로권을 둘러싼 17세기초 유럽국가들 간의 충돌 및 근대 해상법이론의 형성" 『법과 사회』 N.58, 2018, 271-304쪽

96 Borschberg, 앞 논문

97 Villiers, John, "Trade and Society in the Banda Islands in the Sixteenth Century" *Modern Asian Studies*, V.15 N.4, 1981, 723-750쪽

98 Loth, Vincent C., "Armed Incidents and Unpaid Bills: Anglo-Dutch Rivalry in the Banda Islands in the Seventeenth Century" *Modern Asian Studies*, V.29 N.4, 1995, 705-740쪽

99 Ittersum, Martine van, "Empire by Treaty? The Role of Written Documents in European Overseas Expansion, 1500-1800" in Clulow, Adam & Tristan Mostert(ed.), *The Dutch and English East India Companies: Diplomacy, Trade and Violence in Early Modern Asia*, Amsterdam University Press, 2018, 153-177쪽

100 이때 처형된 사람은 영국 동인도회사 직원인 영국인 10명, 일본인 9명, VOC 포르투갈인 한 명 등이었다(아사다 미노루, 이하준 역, 『동인도회사』, 파피에, 2004, 38쪽).

101 Skinner, John, "A True Relation of the Unjust, Cru-ell, and Barbarous Proceedings Against the English at Amboyna in the East-Indies, by the Neatherlandish Governour and Councel There" in Clulow, Adam, *Ambonia, 1623: Fear and Conspiracy on the Edge of Empire*, Columbia Univ. Press, 2019, 152쪽

102 Chancey, Karen, "The Ambonya Massacre in English Politics, 1624-1632" A Quarterly Journal Concerned with British Studies, V.30 N.4, 1998, 583-598쪽

103 Skinner, in Clulow, Adam, 174쪽

104 Rommelse, Gijs, "Negative Mirror Images in Anglo-Dutch, 1650-1674" in *The Roots of Nationalism: National Identity Formation in early Modern Europe, 1600-1815*, Amsterdam Univ. Press, 2016

105 Winn, Phillip, "Slavery and Cultural Creativity in the Banda Islands" *Journal of Southeast Asian Studies*, V.41 N.3, 2010, 365-389쪽

106 Charles River, 451쪽

107 Wright, H.R.C., "The Moluccan Spice Monopoly, 1770-1824" *Journal of the Malayan Branch of the Royal Asiatic Society*, V.31 N.4, 1958, 1-127쪽

108 우에스기 지토세(上杉千年), 임진호 역, 『1421 세계 최초의 항해가 정화』, 이치, 2007, 18-19쪽

109 티머시 브룩, 박인균 역, 『베르메르의 모자-베르메르의 그림을 통해 본 17세기 동서문명 교류사』 추수밭, 2008, 39-40쪽

110 고병익, 『동아시아 문화사 논고』, 서울대학교 출판부, 1997, 201쪽

111 고병익, 203쪽

112 양승윤 외, 『바다의 실크로드』, 청아출판사, 2003, 68쪽

113 바타비아는 1799년 VOC가 해체될 때까지 아시아 교역의 중심지 역할을 했으며, 네덜란드 정부가 이를 인수한 뒤에는 식민지 정부의 수도였고, 현재는 인도네시아의 수도인 자카르타가 되어 있다.

114 Jan Pieterszoon Coen (1587-1629)

115 이로써 1639년부터 1853년까지 네덜란드는 일본과 교역을 할 수 있는 유일한 유럽국 지위를 누렸다.

IV 청화백자, 유럽을 홀린 하이테크 상품

116 Johann Friedrich Böttger (1682-1719). 뵈트거가 작센공의 후원을 받아 유럽 최초의 자기 생산에 성공한 것은 1708년이다.

117 방병선, 『중국 도자사 연구』, 경인문화사, 2012, 146쪽

118 방병선, 281쪽. 기록이 존재하지 않기에 남아 있는 유물을 근거로 연대 추정을 한다.

119 미스기 다카토시, 김인규 역, 『동서 도자 교류사-마이센으로 가는 길』, 눌와, 2001, 80쪽

120 Francesco Benaglio (1432-1492)

121 Finlay, Robert, *The Pilgrim Art: Culture of Porcelain in World History*, Univ. California Press, 2010, 5쪽

122 Volker, T., *Porcelain and the Dutch East India Company: as Recorded in the Dagh-Registers of Batavia Castle, Those of Hirado and Deshima, and Other Contemporary Papers, 1602-1682*, E.J. Brill(Leiden), 1971, 25쪽

123 미스기, 157쪽

124 Volker, 83쪽

125 Wapen van Amsterdam

126 Volker, 25쪽

127　Volker, 29쪽

128　티모시 브룩, 이정, 강인황 역, 『쾌락의 혼돈- 중국 명대 상업과 문화』, 이산, 2005, 271쪽

129　기물 하나를 완성하는 데 대략 70명 정도 인원이 협업했다(Finlay, 27쪽).

130　오금성, "명말청초의 사회변화와 도시사회-경덕진과 그 주변지역을 중심으로", 『동아문화』 V.37, 1999, 75-129쪽

131　마가렛 메들리, 김영원 역, 『중국도자사-선사시대부터 청대까지』, 열화당, 1986, 226쪽

132　황윤·김준성, 『중국 청화자기』, 생각의 나무, 2010, 107쪽

133　Willem Kalf (1619-1693)

134　황윤·김준성, 146쪽

135　방병선, 458쪽

136　Volker, 28쪽, 75쪽

137　Volker, 56-57쪽

138　Volker, 113쪽

139　와타나베 요시로, "히젠자기의 해외수출과 나가사키항", 『로컬리티 인문학』 V10, 2012, 241-255쪽

140　미스기, 107-109쪽

141　방병선, "17-18세기 이태리 파엔자 도자에 보이는 시누아즈리 양식 연구", 『한국학연구』 V.69, 2019, 135-160쪽

142　유럽 대륙에서 최초의 주석 유약 도기가 제작된 것은 스페인의 섬 마요르카(Mallorca)인데, 마요르카는 스페인의 폐쇄적인 문화 탓에 이탈리아에 기술이 전수된 것 말고는 자체적인 발전만 했을 뿐, 다른 유럽국에 영향을 미치지 못했다. 스페인의 기술을 전수받아 이탈리아에서 제작된 도기를 마욜리카(Maiolica)라고 부르는 것은 스페인의 마요르카의 음차인 것으로 보인다.

143　Caiger-Smith, Alan, *Tin-Graze Pottery in Europe and the Islamic World, the Tradition of 1000 Years in Maiolica, Faience & Delftware*, Faber&Faber(London), 1973, 108쪽

144　Caiger-Smith, 104쪽

145　Finray, 250쪽

146　방병선, "네덜란드공화국 유입 중국도자가 델프트 도기에 미친 영향", 『강좌미술사』 V.48, 2017, 311-335쪽

147　Schoten, Frits, Hoyle, M.(tran.), *Delft Tulip Vases*, Rijke Museum, 2013, 9쪽

148　방병선, "네덜란드공화국 유입 중국도자가 델프트 도기에 미친 영향", 『강좌미술

사』V.48, 2017, 311-335쪽

149 Caiger-Smith, 131쪽

150 Finray, 258쪽

151 방병선, "네덜란드공화국 유입 중국도자가 델프트 도기에 미친 영향"

152 Caiger-Smith, 129쪽

153 Jonge, C.H. de, *Delft Ceramics*, Praeger Publishers: New York, 1970, 11쪽

154 방병선, 앞 논문

155 Caiger-Smith, 130쪽

156 Caiger-Smith, 132쪽

157 Caiger-Smith, 133쪽

158 Impey, O. R., *Chinoiserie: The Impact of Oriental Styles on Western Art and Decoration*, Scribner's, 1977; Honour, H., Chinoiserie: The Vision of Cathay, Harper&Row, 1991

159 교운운 김난희, "청대 전기 경덕진 수출도자가 근 현대 유럽 도자 디자인에 미친 영향", 『한국도자학연구』 V 11, 2014, 39-50쪽

160 Volker, 59쪽

161 이전에 사용하던 주석 그릇은 깨지지 않았으므로 바구니 같은 곳에 보관했다. (Campen, Jan van, & Eliëns, Titus M(ed.), *Chinese and Japanese porcelain for the Dutch Golden Age*,Waanders Uitgevers, 2014, 13쪽)

162 Vries, 710쪽

V 시민 자본의 여유, 바로크 예술을 꽃피우다

163 Rembrandt Harmenszoon van Rijn (1606-1669)

164 De Nachtwacht, 1642

165 Bikker, Jonathan, Lynne Richards(tran.), *The Night Watch*, Rijks Museum, 2015, 7쪽

166 363cm x 437cm.

167 이 장면이 실제 있었던 마리아 드 메디치의 암스테르담 방문 시 행진한 민병대의 모습이라는 연구도 있으나 명확히 밝혀지지 않았다.(Schwartz, Gray, Rembrandt: His Life, His Paintings, Penguin Books 1991 pp.209-210)

168 이 그림의 제목이 〈De Nachtwacht〉로 표시된 최초의 증거는 1800년 도록에서다. (Begemann, Haverkamp, Rembrandt: The Night Watch, Princeton University Press, 1982 7쪽 각주)

169 chiaroscuro, 극단적인 명암 대비를 통해 입체감을 주는 기법

170 이 그림은 1715년 처음 걸려 있던 민병대기념관에서 암스테르담 시청 로비로 이전
    됐다.

171 현재 암스테르담 국립미술관에 전시된 그림은 복원 작업으로 그을음을 벗겨내 한
    결 밝지만 명암 대비에 따른 주변의 어둠은 여전하다.

172 화승총병조합회관 정도로 번역된다.

173 네 벽 중 한 방향은 창문이었다.

174 스테파노 추피, 서현주·이화진역, 『천년의 그림 여행』, 예경, 2009, 192-3쪽

175 Berger, Herry Jr., *Manhood, Marriage, Mischief: Rembrandt's 'Night Watch' and
    Other Dutch Group Portraits*, Fordham University Press, 2007, 190쪽

176 스테파노 추피, 192쪽

177 Captain Frans Banning Cocq

178 Bikker, 34쪽

179 Willem van Ruytenburch

180 Berger, 12쪽

181 Begemann, 12쪽

182 Begemann, 10쪽

183 Bikker, 40쪽

184 물론 얼굴이 선명히 나온 코크 대위와 반 루텐부르흐 중위, 그리고 몇 명은 각자
    모델이 되기 위해 화가 앞에서 포즈를 취했을지도 모른다. 그것은 당시 집단 초상
    화의 일반적인 기법이었다.(Berger, 47쪽)

185 Begemann, 48쪽. 민병대의 기능에 대해서는 그것이 형식적이었다는 설과 실제적
    인 기능을 했다는 설이 있다.(Berger, 114-5쪽)

186 이 조건은 대원들에게만 해당되는 말이고, 대장과 같은 귀족들은 그들만 모여 사
    는 지역이 따로 있었으므로 예외였던 것으로 보인다. 실제로 그림에 나온 코크 대
    위의 경우 당시 암스테르담에서 가장 부자 동네에 집이 있었다.

187 Begemann, 36-37쪽. 중세에는 긴활부대 또는 단활부대 등으로 구분하였고, 이후
    무기가 발달하면서는 사용하는 총의 종류에 따라 부대 이름이 나뉘었다. 시간이
    지나면서는 부대마다 다양한 깃발을 사용하게 되었지만 처음 불리던 부대 이름을
    유지했다.

188 Begemann, 32쪽

189 Begemann, 36쪽

190 Schwartz, 209쪽

191 Begemann, 24쪽. 그가 오른 burgomaster가 시장이라고 번역되기는 하지만 당시 암
    스테르담에는 네 명의 burgomaster가 있었으므로 그중 한 자리를 차지했다. 그는

여러 차례 시장에 선출되어 각기 역할이 다른 burgomaster를 수행했다.

192 Begemann, 27쪽

193 그가 속한 조직인 Handboogsdoelen은 궁수와 관련이 있는데, 중세의 전통 때문인 듯하다.

194 〈야경〉을 시청사 현관으로 옮겨 거는 과정에서 작품이 너무 커서 출입구를 통과할 수 없었던 관계로 그림 일부를 잘라 버렸다. 그 결과 그림의 가장자리에 있던 세 명의 인물이 잘려 나갔는데, 그가 남긴 스케치를 통해 원래의 모습을 알 수 있다.

195 Begemann, 27쪽

196 Begemann, 28쪽

197 Jan Cornelisz Visscher

198 Begemann, 28쪽

199 Rombout Kemp

200 Reijer Engelen

201 Herman Jacobsz Wormskerck. Bikker, 그림20

202 Begemann, 31쪽

203 Jacob Dircksz de Roy

204 이재희, "17세기 네덜란드 미술시장", 『사회경제평론』 N.21, 2003 237-287쪽

205 〈야경〉 속 기수와 갑옷을 입은 병사의 어깨 사이에 보이는 얼굴 반쪽이 렘브란트 얼굴일 것으로 추측된다.

206 렘브란트는 14세에 개혁교회를 추종하는 레이덴 대학에 입학한 적이 있다.

207 Oude lezende vrouw, waarschijnlijk de profetes Hanna, 1631, 암스테르담 국립미술관

208 Schwartz, 132쪽

209 회화작품만 71점, 에칭 등 다른 작업방식까지 합치면 100여 점에 이른다.

210 Johannes Vermeer (1632-1675)

211 Die Malkunst, 1666, 빈 미술사 미술관

212 이 그림은 빈 미술사 박물관에 있는데, 120cm×100cm이다. 베르메르의 다른 작품인 〈우유 따르는 하녀(Het melkmeisje, 1660, 암스테르담 국립미술관)〉는 45.5cm×41cm, 〈진주 귀고리를 한 소녀(Meisje met de parel, 1665, 헤이그 마우리츠호이스 박물관)〉는 44.5cm×39cm다.

213 이재희, 앞 논문

214 Frans Hals, 1582-1666

215 Regentessen van het oudemannenhuis, 1664, 프란츠 할스 미술관

216 Jan van Goyen, 1596-1656

217 이재희, 앞 논문

218 Landschap met twee eiken, 1641, 암스테르담 국립미술관

219 Jan Steen, 1626-1679

220 이 그림의 제목은 여러 차례 바뀌었다. 2006년 최종 수정된 정보를 토대로 〈델프
     트 시장 아돌프 크로에세르와 그의 딸 초상(Adolf en Catharina Croeser, bekend
     als 'De burgemeester van Delft en zijn dochter', 1655 암스테르담 국립미술관)〉으로
     확정됐다.

221 배고픈 자를 먹이고, 목마른 자에게 마실 것을 주고, 헐벗은 자를 입히고, 여행자
     를 재워 주고, 병자를 위문하고, 인신이 구속된 사람을 위로하고, 죽은 자를 묻어
     주는 행위

222 Pieter de Hooch, 1629-1684

223 Frau mit Kind und Dienstmagd, 1663, 빈 미술사 미술관

224 Schama, Simon, *The Embarrassment of Riches: An Interpretation of Dutch Culture
     in the Golden Age*,Vintage, 1997 420쪽

225 이와 같은 현상을 보여주는 수치로, 델프트 화가 길드의 자료에 의하면 1613년에
     서 1679년까지 등록된 화가 중 아버지와 친권자의 직업이 파악된 67명 가운데 하
     층계급은 한 명도 없었다. 장인과 미술가가 70% 정도였고, 나머지 30%는 부르주
     아지나 전문직으로 더 상층계급이었다.(이재희, 앞 논문)

VI 네덜란드의 관용, 실용을 위한 포용정신

226 Desiderius Erasmus, 1466-1536

227 Israel, 46쪽

228 Eire, Carlos M., *War Against The Idols: The Reformation of Worship From Eras-
     mus to Calvin*, Cambridge Univ. Press, 1986, 29쪽

229 Martin Luther (1483-1546)

230 *Encomium, Moriae*, 1511

231 "나는 다시 꽃피고 있는 학문을 더욱 훌륭히 장려할 수 있도록 내가 할 수 있는
     한 중립의 자세를 취할 것입니다. 나는 격한 간섭보다는 현명하게 자기를 관리하
     는 자세를 통해서 더 많은 것이 이루어진다고 생각합니다."(루터의 요청에 대한 에
     라스무스의 회신 중)(슈테판 츠바이크, 정민영 역, 『에라스무스: 위대한 인문주의
     자의 승리와 비극』, 자작나무, 1997, 130쪽)

232 슈테판 츠바이크, 124쪽

233 Duke, 78쪽

234 요한 하위징아, 이종인 역, 『에라스뮈스』, 연암서가, 2013, 333쪽

235 인간은 죄를 안고 태어난다고 보는 기독교 신앙(신구교를 망라해서)과 시작부터 다르다.

236 Israel, 47쪽

237 Huizinga, J. H., *Dutch Civilization in the Seventeenth Century*, Harper Torch-books, 1968, 45쪽

238 네덜란드 전역에서 동일한 현상이 일어난 것은 아니고 홀란드와 그 안의 도시인 암스테르담에서 특히 두드러진 현상이었다.(Israel, 341쪽)

239 Huizinga, 39쪽

240 Rietergen, 89쪽

241 Shorto, 40쪽

242 Israel, 372쪽

243 Jensen, de Lamar(ed.), *The Roots of Nationalism: National Identity Formation in Early Modern Europe, 1600-1815*, Amsterdam Univ. Press, 2016, 98쪽

244 이성호, 『네덜란드 개혁교회 이야기』, 그 책의 사람들, 2015, 141-143쪽

245 Jacobus Arminius (1560-1609)

246 Green, V.H.H., *Renaissance and Reformation: A Survey of European History be-tween 1450-1660*, Edward Arnold, 1974, 326쪽

247 Hsia, R. Po-Chia &H. F. K. Van Nierop(ed.), *Calvinism and Religious Toleration in the Dutch Golden Age*,Cambridge, 2002, 20쪽

248 Johannes Wtenbogaert (1557-1644)

249 Jensen, 395쪽

250 remonstranten

251 Synode van Dordrecht

252 Green, 325-8쪽

253 Nadere Reformatie

254 이성호, 143쪽

255 이성호, 147쪽

256 Ecclesia reformata semper reformanda est.

257 Hsia, 22쪽

258 Max Weber (1864-1920)

259 막스 베버, 박성수 역, 『프로테스탄트의 윤리와 자본주의 정신』, 문예출판사, 1994, 82쪽

260 막스 베버, 128쪽

261 Hsia, 6쪽, 24쪽

262 Hsia, 3쪽

263 Hsia, 132쪽

264 문맹의 정도를 가늠할 수 있는 척도로 결혼서약에 스스로 자신의 이름을 쓴 사람의 비율이 어느 정도였는지를 활용한다. 신랑 신부 중 자신을 이름을 쓰지 못하는 사람은 등록을 받는 서기가 대신 기입을 해주고 그 사실을 부기했기 때문이다. 1630년 암스테르담에서 결혼한 신랑의 57%, 신부의 32%가 스스로 서명을 했다.(Vries, 314쪽)

265 이들은 주로 과부들이었다. 기업을 운영하던 남편이 죽고 이를 물려 받은 경우일 것으로 추측된다.(Schama, 407쪽)

266 Schama, 438쪽

267 Schama, 455쪽

268 Kindleberger는 자본주의 역사상 10대 버블을 꼽고 있는데, 튤립광풍(Tulipmania)은 1번에 자리하고 있다.(Kindleberger, Charles P. & Robert Z. Aliber(ed.), *Manias, Panics, and Crashes: A History of Financial Crises*, Wiley, 2005, 9쪽)

269 비싼 종의 튤립 가격은 1,260에서 5,500플로린까지 했는데, 당시 살찐 황소 4마리 가격이 480플로린 이었다.(Hirschey, Mark, "How Much Is a Tulip Worth?" *Financial Analysts Journals*, V.54 N.4, 1998, 11-17쪽)

VII 열정과 투기 사이, 튤립 광풍

270 Schama, 356쪽. Goldgar는 더 많은 직종을 나열하고 있다. "직물상인, 직조공, 마전장이, 학생, 제화공, 실장사, 화가, 이발사, 굴뚝청소부, 약제사, 빵장수, 맥주 제조자, 점원, 푸주간 주인 등"(Goldgar, Anne, *Tulipmania: Money, Honor, and Knowledge in the Dutch Golden Age*, Univ. of Chicago Press, 2007, 134쪽)

271 Goldgar, 227쪽

272 마이크 대시, 정주연 역, 『튤립, 그 아름다움과 투기의 역사』, 지호, 2002, 203-204쪽

273 Schama, 360쪽

274 대시, 207쪽

275 Goldgar, 136쪽

276 대시, 237쪽

277 Shama, 362쪽

278 Kindleberger, 61쪽.

279 Shama, 306쪽

280 Thompson, Earl A. "The Tulipmania: Fact or Artifact?" *Public Choice*, V.130, N.1/2, 2007, 99-114쪽; Garber, Peter M. "Tulipmania" *Journal of Political Economy*, V.97 N.3, 1989, 535-560쪽

281 대시, 199쪽

282 초기 도입과 관련하여 여러 가지 설이 존재한다.(대시, 46-50쪽)

283 Goldgar, 41쪽

284 Carolus Clusius (1526-1609)

285 Goldgar, 41쪽

286 Goldgar, 32쪽

287 대시, 90쪽

288 Goldgar, 47쪽

289 Goldgar, 88쪽

290 모자이크 바이러스. 대시, 83쪽

291 대시, 143쪽

292 Goldgar, 98쪽

293 1635년 이미 귀한 튤립의 가격은 1,260-5,500플로린을 호가했다.(Hirschey)

294 Garber, Peter M. "Famous First Bubbles" *The Journal of Economic Perspectives*, V.4 N.2, 1990, 35-54쪽

295 2009년 자료에 의하면, 세계 화훼시장에서 절화, 분화 등 관상식물의 세계 수출물량의 48%를 네덜란드가 차지한다.(이동소, "네덜란드 화훼산업 현황과 특징", 『세계농업』 V.155, 2013, 25-42쪽)

296 Scholten, Frits, *Delft Tulip Vases*, Rijke Museum, 2013, 4쪽

297 De Metaale Pot under Lambertus van Eenhoorn.

298 Willem III (1650-1702)

299 Mary II (1662-1694)

300 Schoten, 37-39쪽

301 잉글랜드, 스코틀랜드, 아일랜드의 왕

302 Geoctroyeerde Westindische Compagnie, 이하 GWC

VIII 월스트리트, 아메리카에 남긴 관용의 흔적

303 Postma, Johannes & Victor Enthoven(ed.), *Riches from Atlantic Commerce: Dutch Transatlantic Trade and Shipping, 1585-1817*, Brill, 2003, 80쪽

304 Noorlander, D. L. "For the Maintenance of the True Religion: Calvinism and the Directors of the Dutch West India Company" *The Sixteenth Century Journal*, V.44,

N.1, 2013, 73-95쪽

305 Boxer, C.R.. *The Portuguese Seaborne Empire 1415-1825*, Hutchinson&co. London, 1977, 84쪽

306 Boxer, 87-88쪽

307 Welie, Rik van, "Slave Tradeing and Slavery in the Dutch Colonial Empire: A Gloval Comparison", *New West Indian Guide/Nieuwe West-Indische Gids*, 2008, v.82, n.1&2, 47-96쪽

308 Sluiter, 앞 논문

309 Sluiter, 앞 논문

310 Sluiter, 앞 논문

311 Boxer, 109-110쪽

312 Wagman, 앞 논문

313 Israel, Janathan & Stuart B. Schwartz, *The Expansion of Tolerance: Religion in Dutch Brazil*(1624-1654), Amsterdam Univ. Press, 2007, 19쪽

314 당시 네덜란드에 거주하던 유대인 집단은 이민 경로에 따라 세파르디(Sephardi)와 아쉬케나지(Ashkenazi)로 구분됐다. 세파르디(Sephardi)는 1492년 알함브라 칙령 이후 이베리아 반도에서 이주한 집단이었다. 이들은 대부분 기독교로 개종했다가 유럽으로 와서 다시 유대교로 복귀한, 스페인 종교재판소 기준으로 거짓 개종자들이었다. 아쉬케나지(Ashkenazi)는 10세기 이후부터 발칸 반도를 통해 신성로마 제국으로 이주해 주로 중부 유럽에 거주하고 있다가 일거리를 찾아 이주한 집단이었다. 이 두 집단은 서로 갈등했는데, 세파르디는 개종을 했던 과거가 있는 대신 부유했고, 아쉬케나지는 유대교 전통을 지켰다는 자부심이 있는 대신 사회 하층민에서 벗어나지 못했다.

315 Israel, & Schwartz, 27쪽

316 Boxer, 112-113쪽

317 Boxer, 113쪽

318 1975년 독립

319 Harry Hudson (1550-1611)

320 Griffis, William Elliot, *The Story of New Netherland: The Dutch in America*,Houghton Mifflin Company, 1909, 10쪽

321 Peter Minuit (1560-1638)

322 Griffis, 31쪽

323 Griffis, 32쪽

324 Trelease, Allen W. "Indian-White Contacts in Eastern North America: The Dutch in

New Netherland" *Ethnohistory*, V.9 N.2, 1962, 137-146쪽

325　Ford, Worthington C. "The Earliest Years of the Dutch Settlement of New Nether-land" *Proceedings of the New York State Historical Association*, V.17, 1919, 74-86쪽

326　Ford, 앞 논문

327　Trelease, 앞 논문

328　Griffis, 61쪽

329　Sluiter, 앞 논문

330　Wagman, 앞 논문. 하지만 이런 기록에는 함정이 있는데, 그들의 자녀는 여전히 노예 신분이었다는 사실이다.

331　Rommelse, Gijs, "The Role of Mercantilism in Anglo-Dutch Political Relateions, 1650-74" *The Economic History Review, New Series*, V.63 N.3, 2010, 591-611쪽

332　Wouter van Twiller (1606-1654)

333　Willem Kieft (1597-1647)

334　Griffis, 87쪽

335　Oostindie, Gert & Bert Paasman, "Dutch Attitudes toward Colonial Empires, Indigenous Cultures, and Slaves" *Eighteenth-Century Studies*, V.31 N.3, 1998, 349-355쪽

336　Trelease, 앞 논문

337　Middleton, Simon, "Order and Authority in New Netherland: The 1653 Remonstrance and Early Settlement Poltics" *The William and Mary Quaterly*, V.67 N.1, 2010, 31-68쪽

338　Peter Stuyvesant (1610-1672)

339　Griffis, 118쪽

340　Noorlander, 앞 논문

341　Syrett, Harold C. "Private Enterprise in New Amsterdam" *The Willian and Mary Quarterly*, V.11N.4, 1954, 536-550쪽

342　Griffis, 127쪽

343　Griffis, 117쪽

344　Schoolcraft, Henry L. "The Capture of New Amsterdam" *The English Historical Review*, V.22 N.88, 1907, 674-693쪽

345　Griffis, 119쪽

346　Israel, & Schwartz, 7-8쪽

347　Syrett, 앞 논문

348 Jan van Riebeeck (1619-1677)

349 Kaap kolonie. 이 명칭이 영국이 지배한 뒤 영어식으로 Cape Town으로 변화함.

350 아메리카 식민지들이 뉴네덜란드(북아메리카), 또는 뉴홀란드(브라질)와 같은 이름을 얻었던 것과 비교.

351 Lacy, George, "Some Boer Characteristics" *The North American Review*, V.170 N.518, 1900, 43-53쪽

352 프랑스에서 망명한 위그노 156여 명이 이주했다(Thompson, Leonard, *A History of South Africa*, Yale Nota Bene, 2001, 35쪽)

353 Thompson, 36쪽

354 Thompson, 45쪽

355 Thompson, 42쪽

356 Guelke, Leonard, "The Anatomy of a Colonial Settler Population: Cape Colony 1657-1750" *The International Journal of African Historical Studies*, V.21 N.3, 1988, 453-473쪽

357 Thompson, 40쪽

358 Lacy, 43-53쪽

359 구글번역기에 별도 언어로 구분되어 있다.

360 Raath, Andries, "Covenant and the Christian Community: Bullinger and the Relationship between Church and Magistracy in Early Cape Settlement(1652-1708)" *The Sixteenth Century Journal*, V.33 N.4, 2002, 999-1019쪽

361 이들을 이주를 의미하는 Trek을 붙여서 Trekboers라고 불렀다.

362 1차 보어전쟁 1881-84, 2차 보어전쟁 1899-1902년

363 Nelson Mandela, 1918-2013

X 에필로그

364 페르낭 브로델, 주경철 역, 『물질문명과 자본주의 III-1: 세계의 시간 上』 까치글방, 1997, 318쪽

365 워털루(Waterloo)는 프랑스에 인접한 벨기에 남동부 지역이다.

366 침묵공 빌렘의 직계 후손은 빌렘 3세에서 대가 끊겼기 때문에 그의 동생 후손이 계승했다.

367 2020년 기준. 독일 15위, 영국 20위, 프랑스 22위

368 Royal Dutch Shell, UniLever, Philips, Heineken 등

369 이때의 참상을 전하고 있는 것이 토마스 모어(Thomas More, 1478-1535)가 쓴 『유토피아(*Utopia*, 1516)』이다. 그는 당시의 상황을 "유순한 양이 사람을 먹어 치운다"고 표현했다(『유토피아』, 토마스 모어/정순미, 풀빛, 2006, 34쪽).

370 Willem Barentsz (1550-1597). 바렌츠는 1596년 북극해를 통과해서 중국으로 가는 항로를 개척하기 위해 암스테르담에서 출항했다. 하지만 북극의 얼음층에 막혀 더 나가지 못하고 현재 러시아 영토인 노바야 젬야 섬에서 겨울을 났다. 이듬해 바렌츠는 이미 사망한 상태에서 살아남은 선원들이 해빙된 바다를 통해 암스테르담으로 귀환했다. 이때 그들은 준비해 갔던 교역품이 가득 든 범선을 고스란히 가져왔다. 춥고 긴 북극의 겨울을 나면서도 선원들이 투자자들의 돈으로 준비한 교역품에 손을 대지 않았다는 사실로 인해 네덜란드 상인들에 대한 신뢰가 더욱 높아지는 계기가 됐다.(Hond, Jan de & Trista Mostert, Lynne Richerds & Phillip Cularke(tran.), *Novaya Zemlya*, Rijks Museum, 2013)

371 Navigation Act, 1651

372 Johan de Witt (1625-1672)

373 Michiel Adriaenszoon de Ruyter, 1607-1676

374 알프레드 세이어 마한, 김주식 역, 『해양력이 역사에 미치는 영향 1』, 책세상, 1999

375 Elizabeth I (1533-1603, 재위 1558-1603)

376 Duke, A.C. & C.A. Tamse(ed.), *Britain and Netherlands, Volume Vi, War and Society, Papers Delivered to the Sixth Anglo-Dutch Historical Conference*, Martinus Hijhoff/Hague, 1977 13쪽

377 Plakkaat van Verlatinghe (Act of Abjuration)

378 Lucas, Stephen E., "The 'Plakkaat van Verlatinge': A Neglected Model for the American Declaration of Independence", in Rosemarijn Hofte and Johanna C. Kardux, eds., *Connecting Cultures: The Netherlands in Five Centuries of Transatlantic Exchange*, VU University Press, 1994, 189-207쪽

Rowen, Herbert H.,"The Union of Utrecht and the Articles of Confederation, the Batavian Constitution and the American Constitution: A Double Parallel" in Craig E. Harline(ed), *The Rhyme and Reason of Politics in Early Modern Europe-Collected Essays of Herbert H. Rowen*, Springer-Science+Business Media, B.V., 1992, 217p

Tanis, James R., "The Dutch-American Connection: The Impact of the Dutch Example on American Constitution Beginnings," in Stephen I,. Schechter and Richard B. Bernstein, *New York and the Union: Contributions lo the American Constitutional Experience*, New York State Commission on the Bicentennial of the U.S. Constitution, 1980, 22-28pp

379 1810년 네덜란드가 프랑스에게 합병되고 1811년 바타비아가 영국에 점령됐던 몇 년 간 전 세계에서 네덜란드 국기가 게양된 곳은 데지마밖에 없었다(Dejinma, 1쪽).

부록2 : 상인의 나라 네덜란드의 자산들

380 14세기 중엽 젤란드의 한 어부는 청어의 머리와 내장을 한 번에 깨끗하게 제거할 수 있는 칼을 개발했다.

381 Haringbuis라고 불리는 이 배는 잡은 청어를 저장할 수 있도록 배의 밑부분이 불룩하고, 잡은 청어를 즉시 해체 작업하기에 편리한 갑판이 있는 형태였다.

382 North, Michael, Catherine Hill(tran.), *Art and Commerce in the Dutch Golden Age*, Yale University Press, 1997, 26쪽

383 Vries, 243쪽

384 Vries, 296쪽

385 Vries, 301쪽

386 Vries, 18쪽

387 풍차는 그 속에서 한 가족이 거주하며 요리 등 모든 생활을 했을 만큼 규모가 컸다. 네덜란드 삼각주 지역은 길이 10미터가 넘는 나무로 된 풍차바퀴를 돌릴 수 있을 만큼 바람이 센 곳이라는 의미다.

388 이들 도시 이름 자체가 '암스텔 강에 쌓은 제방', '로테 강에 쌓은 제방'이라는 뜻이다.

389 1648년 건축

참고문헌

책

가와기타 미노루, 장미화 역, 『설탕의 세계사』, 좋은책만들기, 2003

가일스 밀턴, 손원재 역, 『향료전쟁』 생각의 나무, 2002

강준식, 『하멜 표류기』, 웅진닷컴, 2004

고병익, 『동아시아 문화사 논고』, 서울대학교 출판부, 1997

곰브리치, 최민 역, 『서양미술사』, 열화당, 1998

글렌 허버드 · 팀 케인, 김태훈 역, 『강대국의 경제학(Balance)』, 민음사, 2014

김명섭, 『대서양문명사-팽창, 침탈, 헤게모니』, 한길사, 2002

김신홍, 『작지만 강한 나라 네덜란드』, 컬쳐라인, 2002

김영중 · 장학익, 『네덜란드사』, 대한교과서주식회사, 1994

니얼 퍼거슨, 김선영 역, 『금융의 지배-세계의 금융사이야기』, 민음사, 2010

로데베이케 페트람, 조진서 역, 『세계 최초의 증권거래소』, 이콘, 2016

로버트 B. 마르크스, 윤영호 역, 『어떻게 세계는 서양이 주도하게 되었는가』 사이, 2007

로빈 브라운, 최소영 역, 『마르코 폴로의 동방견문록』, 이른 아침, 2006

마가렛 메들리, 김영원 역, 『중국도자사-선사시대부터 청대까지』, 열화당, 1986

마사구이, 김재열 역, 『중국의 청화자기』, 학연문화사, 2014

마이크 대시, 정주연 역, 『튤립, 그 아름다움과 투기의 역사』, 지호, 2002

막스 베버, 박성수 역, 『프로테스탄트의 윤리와 자본주의 정신』, 문예출판사, 1994

미스기 다카토시, 김인규 역, 『동서 도자 교류사-마이센으로 가는 길』, 눌와, 2001

미야자키 마사카쓰, 이규조 역, 『정화의 남해 대원정』, 일빛, 1999

미야자키 마사카쓰, 이수열 · 이명권 · 현재일 역, 『바다의 세계사』 선인, 2017

반룬, 이철범 역, 『예술의 역사』, 동서문화사, 2012

방병선, 『중국 도자사 연구』, 경인문화사, 2012

빌렘 오더스페어, 이종인 역, 『요한 하위징아』, 연암서가, 2013

서성록, 『렘브란트-성서그림이야기』, 재원, 2003

서성철, 『마닐라 갤리온 무역: 동서무역의 통합과 해상 실크로드의 역사』, 산지니, 2017

수잔 바우어, 이광일 역, 『중세이야기1,2』 이론과 실천사, 2011

슈테판 츠바이크, 정민영 역, 『에라스무스: 위대한 인문주의자의 승리와 비극』, 자작나
　　무, 1997

스테파노 추피, 한성경 역, 『Rembrandt: 네덜란드 미술의 거장』, 마로니에북스, 2008

스테파노 추피, 서현주 · 이화진 역, 『천년의 그림 여행』, 예경, 2009

스티븐 내들러, 김호경 역, 『스피노자: 철학을 도발한 철학자』, 텍스트, 2011

시드니 민츠, 김문호 역, 『설탕과 권력』, 지호, 1998

CCTV 다큐멘타리 대국굴기 제작진, 강성애 역, 『강대국의 조건-네덜란드』, ag, 2007 파주

아사다 미노루, 이하준 역, 『동인도회사: 거대 상업제국의 흥망사』, 파피에, 2004

알프레드 세이어 마한, 김주식 역, 『해양력이 역사에 미치는 영향 1』, 책세상, 1999

양승윤 외, 『바다의 실크로드』, 청아출판사, 2003

에두아르도 갈레아노, 박광순 역, 『라틴아메리카 5백년사-수탈된 대지』, 범우사, 1988

에라스무스, 김남우 역, 『우신예찬』, 열린책들, 2014

에릭 밀란츠, 김병순 역, 『자본주의의 기원과 서양의 발흥』, 글항아리, 2012

오덕교, 『종교개혁사』, 합동신학대학원출판부, 2005

오언 채드윅, 서요한 역, 『종교개혁사』, 크리스찬 다이제스트, 2011

올리비에 크리스텡, 채계병 역, 『종교개혁-루터와 칼뱅, 프로테스탄트의 탄생』, 시공사, 2009

요한 하위징아, 이종인 역, 『에라스뮈스』, 연암서가, 2013

우에스기 지토세(上杉千年), 임진호 역, 『1421 세계 최초의 항해가 정화』, 이치, 2007

윌리엄 번스타인, 박홍경 역, 『무역의 세계사』, 라이팅하우스, 2019

이매누얼 월러스틴, 나종일 외 역, 『근대세계체제 I, II』, 까치글방, 1999

이성호, 『네덜란드 개혁교회 이야기』, 그책의 사람들, 2015

이언 게이틀리, 정성묵·이종찬 역, 『담배와 문명』, 몸과마음, 2003

이영림 · 주경철 · 최갑수, 『근대 유럽의 형성 16-18세기』, 까치, 2012

이윤섭, 『커피, 설탕, 차의 세계사』, 필맥, 2013

이종찬, 『난학의 세계사-중화적 세계를 넘어 일본이 유럽과 열대에서 접속하다』, 알마, 2014

이주희, 『강자의 조건-강대국의 비밀』, Mid, 2015

이한순 편, 『근대유럽의 미술사2』, 미진사, 2015

정수일, 『문화담론과 문명교류』, 살림, 2009

제인 버뱅크 · 프레더릭 쿠퍼, 이재만 역, 『세계 제국사』, 책과 함께, 2016

조너선 클레멘츠, 허강 역, 『해적왕 정성공: 중국의 아들, 대만의 아버지』, 삼우반, 2008

조엘 모키르, 김민주·이엽 역, 『성장의 문화: 현대 경제의 지적 기원』, 에코리브르, 2018

조용준, 『유럽 도자기 여행』, 도서출판 도도, 2015

조용준, 『일본 도자기 여행』, 도서출판 도도, 2016

존 로크, 최유신 역, 『관용에 관한 편지』, 철학과 현실사, 2009

주경철, 『네덜란드-튤립의 땅, 모든 자유가 당당한 나라』, 산처럼, 2003

주경철, 『대항해시대-해상 팽창과 근대 세계의 형성』, 서울대출판부, 2008

주디스 코핀 · 로버트 스테이시, 박상익 역, 『새로운 서양문명의 역사』, 소나무, 2014

찰스 킨들버거, 주경철 역, 『경제강대국 흥망사 1500-1990』, 까치글방, 2004

최상운, 『플랑드르 미술여행-벨기에를 거닐다』, 샘터, 2013

최정은, 『보이지 않는 것과 말할 수 없는 것-바로크시대의 네덜란드 정물화』, 한길아트, 2000

츠베탕 토도로프, 이은진 역, 『일상예찬』 뿌리와이파리, 2003

타임라이프북스, 이한중 역, 『유럽의 황금기』, 가람기획, 2005

토마스 모어, 정순미 역, 『유토피아』, 풀빛, 2006

티모시 브룩, 이정 · 강인황 역, 『쾌락의 혼돈- 중국 명대 상업과 문화』, 이산, 2005

티머시 브룩, 박인균 역, 『베르메르의 모자-베르메르의 그림을 통해 본 17세기 동서문명 교류사』, 추수밭, 2008

티모시 브룩, 조영헌 역, 『하버드 중국사 원 명: 곤경에 빠진 제국』, 너머북스, 2014

트레이시 케벌리어, 양선아 역, 『진주 귀걸이를 한 소녀』, 강, 2010

패트릭 콜린슨, 이종인 역, 『종교개혁』, 을유, 2005

페르낭 브로델, 주경철 역, 『물질문명과 자본주의 I: 일상생활의 구조』 까치, 1997

페르낭 브로델, 주경철 역, 『물질문명과 자본주의 II: 교환의 세계』 까치, 1996

페르낭 브로델, 주경철 역, 『물질문명과 자본주의 III: 세계의 시간』 까치글방, 1997

폴 케네디, 이일주 외 2인 역, 『강대국의 흥망』, 한국경제신문, 1988

피에르 카반느, 박인철 역, 『Rembrandt』, 열화당, 1994

피터 N. 스턴스, 문명식 역, 『지도로 보는 문화사』, 궁리, 2007

피터 프랭코판, 이재황 역, 『실크로드 세계사』, 책과함께, 2019

필립D. 커틴, 김병순 역, 『세계 무역의 역사』, 모티브, 2007

크레인 브린튼, 차기벽 역, 『혁명의 해부』 학민사, 1991

하네다 마사시, 이수역 · 구지영 역, 『동인도회사와 아시아의 바다』, 선인, 2012

하네다 마사시, 조영헌 · 정순일 역, 『바다에서 본 역사』, 민음사, 2018

하인리히 E.야곱, 박은영 역, 『커피의 역사』, 우물이 있는 집, 2005

한 반 데어 홀스트, 김용규외 역, 『낮은 하늘』, 박영사, 2002

해상왕장보고기념사업회, 『역사를 전환시킨 해전과 해양개척인물』, 2008

황계신, 정위명 저, 박기수, 차경애 역, 『마카오의 역사와 경제』, 성균관대출판부, 1999

황윤 · 김준성, 『중국 청화자기』, 생각의 나무, 2010

Aymard, Maurice(ed.), *Dutch Capitalism & World Capitalism*, Cambridge University Press U.S.A., 2008

Beck, Roger B., *The History of South Africa*, Greenwood Press, 2000

Begemann, Haverkamp, *Rembrandt: The Night Watch*, Princeton University Press, 1982

Bell, A. R. & C. Brooks & P. R. Dryburgh, *The English Wool Market c. 1230-1327*, Cambridge Univ. Press, 2007

Berger, Herry Jr., Manhood, *Marriage, Mischief: Rembrandt's 'Night Watch' and Other Dutch Group Portraits*, Fordham University Press, 2007

Berger, Iris, *South Africa in World History*, Ocford U. Press, 2009

Bikker, Jonathan, *The Jewish Bride*, Rijks Museum, 2013

Bikker, Jonathan, Lynne Richards(tran.), *The Night Watch*, Rijks Museum, 2015

Bloomberg, Charles, *Christian-Nationalism and the Rise of the Afrikaner Broederbond in South Africa, 1918-48*, Macmillan, 1990

Boxer, C.R.. *The Dutch Seaborne Empire 1600-1800*, Alfred.A.Knopf, 1965

Boxer, C.R.. *The Portuguese Seaborne Empire 1415-1825*, Hutchinson&co. London, 1977

Brown, Andrew & Graeme Small, *Court and Civic Society: in the Burgundian Low Countries, c.1420-1530*, Manchester U. Press, 2007

Bruijn, J.R. & F.S. Gaastra & I. Schöffer, *Dutch-Asiatic Shipping in the 17th and 18th Centuries: Homeward-bound Voyages form Asia and the Cape to the Ntherlands(1597-1795)*, Springer-Science+Business Media, B.V., 1979

Burke, Peter, *Venice and Amsterdam: A Study of Seventeenth Century Elites*, Polity Press 1994

Caiger-Smith, Alan, *Tin-Graze Pottery in Europe and the Islamic World, the Tradition of 1000 Years in Maiolica*, Faience & Delftware, Faber&Faber(London), 1973

Campen, J. van & T. M. Eliëns, *Chinese and Japanese Porcelain for the Dutch Golden Age*, Zwolle, 2014

Charles River Editors, *The Dutch East India Company: The History of the World's First Multinational Corporation*, Kindle Edition, 2016

Clulow, Adam & Tristan Mostert(ed.), *The Dutch and English East India Companies: Diplomacy, Trade and Violence in Early Modern Asia*, Amsterdam University Press, 2018

Clulow, Adam, *Ambonia, 1623: Fear and Conspiracy on the Edge of Empire*, Columbia Univ. Press, 2019

Cooper, Emmanuel, *Ten Thousand Years of Pottery* (4th edition), Univ. of Pennsylvania Press, 1999

Craig E. Harline(ed), *The Rhyme and Reason of Politics in Early Modern Europe-Collected *Essays of Herbert H. Rowen*, Springer-Science+Business Media, B.V., 1992

Curtin, Philip D., *Cross-cultural Trade in World History*, Cambridge U. Press, 1984

Der Lem, Anton van, *Revolt in the Netherlands: The Eighty Years War, 1568-1648*, Reaktion Book, 2018

Douglas, M., *The World of Goods: Towards an Anthropology of Consumption*, Routledge, 1979

Duke, A.C. & C.A. Tamse(ed.), *Britain and Netherlands, Volume Vi, War and Society, Papers Delivered to the Sixth Anglo-Dutch Historical Conference*, Martinus Hijhoff/Hague, 1977

Duke, A.C., *Reformation and Revolt in the Low Countries*, Hambledon, 2003

Duke, Alastair, *Dissident Identities in the Early Modern Low Countries*, Ashgate, 2009

Eire, Carlos M. N. *War Against the Idols: The Reformation of Worship from Erasmus to Calvin*, Cambridge Univ. Press, 1986

Eldredge, Elizabeth A. & Fred Morton (ed), *Slavery in South Africa: Captive Labor on the Dutch Frontier*, Westview Press, 1994

Epstein, S.R. & Prak, Maarten, *Guilds, Innovation, and the European Economy, 1400-1800*, Cambridge Univ. Press, 2008

Finlay, Robert, *The Pilgrim Art: Culture of Porcelain in World History*, Univ. California Press, 2010

Friedrichs, Christopher R., *Urban Politics in Early Modern Europe*, Routledge, 2000

Gay, P. du (ed.), *Production of Culture/Cultures of Production*, Sage Publication, 1997

Gelderblom, Arie-Jan & Jan L. De Jong & Marc Van Vaeck(ed), *The Low Countries as a Crossroads of Religious Beliefs*, Brill, 2004

Gelderen, Martin van, *The Political Thought of the Dutch Revolt, 1555-1590*, Cambridge U. Press, 1992

Gerritsen, A., *The City of Blue and White: Chinese Porcelain and the Early Modern World*, Cambridge Univ. Press, 2020

Glamann, Kristof, *Dutch-Asiatic Trade, 1620-1740*, Martinus Nijhoff's-Gravenhage, 1981

Goldgar, Anne, *Tulipmania: Money, Honor, and Knowledge in the Dutch Golden Age*, Univ. of Chicago Press, 2007

Goodman, Grant K. *Japan and the Dutch: 1600-1853*, Curzon, 2000

Goor, Jurrien van & Uitgeverij Verloren, *Prelude to Colonialism: The Dutch Asia*, Hilversum, 2004

Green, V.H.H., *Renaissance and Reformation: A Survey of European History between*

1450-1660, Edward Arnold, 1974

Griffis, William Elliot, *The Story of New Netherland: The Dutch in America*, Houghton Mifflin Company, 1909

Hofte, R. & J. C. Kardux, (ed.) *Connecting Cultures: The Netherlands in Five Centuries of Transatlantic Exchange*, VU University Press, 1994

Hond, Jan de & Trista Mostert, Lynne Richards & Phillip Cularke(tran.), *Novaya Zemlya*, Rijks Museum, 2013

Honour, H., *Chinoiserie: The Vision of Cathay*, Harper&Row, 1991

Horst, Daniel, Lynne Richards(tran.), *William of Orange*, Rijke Museum, 2013

Hsia, R. Po-Chia & H. F. K. Van Nierop(ed.), *Calvinism and Religious Toleration in the Dutch Golden Age*, Cambridge, 2002

Huizinga, J. H., *Dutch Civilization in the Seventeenth Century*, Harper Torchbooks, 1968

Impey, O. R., *Chinoiserie: The Impact of Oriental Styles on Western Art and Decoration*, Scribner's, 1977

Israel, Jonathan I., *The Dutch Republic: Its Rise, Greatness, and Fall 1477-1806*, Oxford Univ. Press, 1998

Israel, Janathan & Stuart B. Schwartz, *The Expansion of Tolerance: Religion in Dutch Brazil(1624-1654)*, Amsterdam Univ. Press, 2007

Ittersum, Mattine Julia van, *Profit and Principle: Hugo Grotius, Natural Rights Theories and the Rise of Dutch Power in the East Indies, 1595-1615*, Brill, 2006

Jensen, de Lamar(ed.), *The Roots of Nationalism: National Identity Formation in Early Modern Europe, 1600-1815*, Amsterdam Univ. Press, 2016

Jonge, C.H. de, *Delft Ceramics*, Praeger Publishers: New York, 1970

Jörg, C. J. A. & P. Wardle (tran.), *Porcelain and the Dutch China Trade*, Springer Science+Business Media Dordrecht, 1982

Keene, E. *Beyond the Anarchical Society: Grotius, Colonialism and Order in World Politics*, Cambridge Univ. Press, 2004

Kindleberger, Charles P. & Robert Z. Aliber(ed.), *Manias, Panics, and Crashes: A History of Financial Crises*, Wiley, 2005

Klooster, Wim, *The Dutch in the Americas, 1600-1800*, Providence, R.I. : John Carter Brown Library, 1997

Koot, C. J., *Empire at the Periphery: British Colonist, Englo-Dutch Trade, and the Development of the British Atlantic, 1621-1713*, New York Univ. Press, 2011

Kroes, Jochem, *Chinese Armorial Porcelain for the Dutch Market: Chinese Porcelain with Coats of Arms of Dutch Families*, Central Bureau voor Genealogie, Den Haag&Waanders Publishers, Zwolle, 2007

Lange, Amanda E., *Delftware at Historic Deerfield, 1600-1800*, Historic Deerfield, Inc., 2001

Lee, Micky, *Bubbles and Machines: Gender, Information and Financial Crises*, Univ. of Westminster Press, 2019

Lindemann, M., *The Merchant Republics: Amsterdam, Antwerp, and Hamburg, 1648-1790*, Cambridge Univ. Press, 2015

Marchand, S. L., *Porcelain: A History from the Heart of Europe*, Princeton Univ. Press, 2020

Motley, J. L., *The Rise of the Dutch Republic*, Harper&Brothers Publishers, 1898

Motley, J. L., *History of the United Netherlands, 1584-1609: from the Death of William the silent to the Twelve Year's Truce*, BiblioBazaar, 2006

North, Michael, Catherine Hill(tran.), *Art and Commerce in the Dutch Golden Age*, Yale University Press, 1997

Oostindie, Gert & Jessica V. Roitman(ed.), *Dutch Atlantic Connections, 1680-1800*, Brill, 2014

Peck, L. L., *Consuming Splendor: Society and Culture in Seventeenth-Century England*, Cambridge Univ. Press, 2005

Postma, Johannes & Victor Enthoven(ed.), *Riches from Atlantic Commerce: Dutch Trans-atlantic Trade and Shipping, 1585-1817*, Brill, 2003

Prak, M. & D. Webb(tran.), *The Dutch Republic in the Seventeenth Century: The Golden Age*, Cambridge Univ. Press, 2005

Price, J. L., *The Dutch Republic in the Seventeenth Century*, Macmillan, 1998

Rietergen, P. J., *A Short History of the Netherlands: from Prehistory to the Present Day*, Bekking&Blitz Uitgevers b.v., 2008

Rommelse, Gijs, *The Roots of Nationalism: National Identity Formation in Early Modern Europe, 1600-1815*, Amsterdam Univ. Press, 2016

Rosemarijn Hofte and Johanna C. Kardux, eds., *Connecting Cultures: The Netherlands in Five Centuries of Transatlantic Exchange*, VU University Press, 1994

Scott, Jonathan, *How the Old World Ended: The Anglo-Dutch-American Revolution, 1500-1800*, Yale Univ. Press, 2019

Schama, S., *The Embarrassment of Riches: An Interpretation of Dutch Culture in the*

Golden Age, Vintage, 1997

Schechter, Stephen I. & Richard B. Bernstein, *New York and the Union: Contributions lo the American Constitutional Experience*, New York State Commission on the Bicentennial of the U.S. Constitution, 1980

Scholten, Frits, Hoyle, M.(tran.), *Delft Tulip Vases*, Rijke Museum, 2013

Schwartz, Gray, *Rembrandt: His Life, His Paintings*, Penguin Books 1991

Shorto, Russell, *The Island at the Center of the World-the Epic Story of Dutch Manhattan and the Forgotten Colony that Shaped America*, Vintage-ebooks, 2005

Shorto, Russell, *Amsterdam: A History of the World Most Liberal City*, Vintage Trade Paperback, 2014

Sonneborn, Liz, *The End of Apartheid in South Africa*, Chelsea House, 2010

Stephen I,. Schechter and Richard B. Bernstein, *New York and the Union: Contributions lo the American Constitutional Experience*, New York State Commission on the Bicentennial of the U.S. Constitution, 1980

Subrahmanyam, S., Merchant *Networks in the Early Modern World, 1450-1800*, Routledge, 1996

Temple, William, *Observations upon the United Provinces of the Netherlands – Of the Rise and Progress of the United Provinces*, 1668, e-book, exported from Wildsource on September 25, 2021

Terreblanche, Sampie, *A History of Inequality in South Africa, 1652-2002*, U. of Natal Press, 2002

Tracy, James D., *The Founding of the Dutch Republic: War, Finance, and Politics in Holland, 1572-1588*, Oxford U. Press, 2008

Trentmann, F. (ed.), *The History of Consumption*, Oxford Univ. Press, 2012

Vermeer, E. B. (ed.), *Development and Decline of Fukien Province in the 17th and 18th Centuries*, Brill, 1990

Volker, T., *Porcelain and the Dutch East India Company: as Recorded in the Dagh-registers of Batavia Castle, those of Hirado and Deshima, and other contemporary papers, 1602-1682*, E.J. Brill(Leiden), 1971

Vries, J. de, *The First Modern Economy: Success, Failure, and Perseverance of the Dutch Economy, 1500-1815*, Cambridge Univ. Press, 1997

Vries, J. de, *The Industrious Revolution: Consumer Behavior and the Household Economy, 1650 to the Present*, Cambridge Univ. Press, 2008

Ward, K., *Networks of Empire-Forced Migration in the Dutch East India Company*,

Cambridge Univ. Press, 2009

Wedgwood, C. V. *William the Silent*, Phoenix Press, 1944

Whitford, D. M. (ed.), *Reformation and Early Modern Europe*, Truman State Univ. Press, 2008

Wieringa, W. J., *The Interactions of Amsterdam and Antwerp with the Baltic Region, 1400-1800*, Springer-Science+Business Media, B.V., 1983

三上次男,『陶磁の道』, 中央公論美術出版, 2000

鈴木康子,『近世日蘭貿易史の研究』, 思文閣出版, 2004

학위논문

교운운,『청대 경덕진 수출도자가 세계 도자기 디자인에 미친 영향 연구』, 충남대학교 박사논문, 2016

김유정,『17세기 일본도자의 등장과 무역시장 변동의 동학』, 서울대학교 대학원 석사논문, 2017

성시홍,『17세기 일본도자기의 성공요인』, 이화여자대학교 교육대학원 석사논문 2018

논문

강성곤, "근대 이전 전통적 제작방식에 의한 중국 경덕진 도자산업의 특징 고찰",『한국도자학연구』V.9-2, 2012, 107-126쪽

교운운 · 김난희, "청대 전기 경덕진 수출도자가 근 현대 유럽 도자 디자인에 미친 영향",『한국도자학연구』V. 11, 2014, 39-50쪽

김동엽, "15-16세기 동남아 해상무역의 특성과 변화: 포르투갈의 진출과 영향을 중심으로",『동남아시아연구』, V.21-2, 2011, 1-41쪽

김동엽, "근대초기 동남아 경제진화에 미친 네덜란드 동인도회사의 영향"『동아연구』V.31 N.1, 2012, 367-402쪽

김두진, 이내영, "유럽산업혁명과 동아시아 '대분기'논쟁",『아세아연구』, V.55-2, 2012, 39-73쪽

김요섭, "도르트신조의 역사적 배경과 개혁주의적 교회론 연구", 개혁논총 KRJ 30(2014), 359-395쪽

김원동, "중국 청화자기의 기원에 관한 문제",『미술사학연구』N.215, 1997, 5-25쪽

김유진 · 이종경, "교류사의 관점에서 중국 도자기 다시 보기",『역사교육』V.134, 2015, 189-217쪽

김은경, "15세기 중기 중국 경덕진요 청화자 연구",『강좌미술사』V.37, 2011, 311-332쪽

김인규, "필리핀과 무역도자기",『수완나부미』V.3-2, 2011, 153-160쪽

김인규, "동남아시아 도자기에 보이는 중국도자기의 영향", 『한국도자학연구』, V.7, 2011, 7-20쪽

김혜정, "중국 청화백자의 기원문제", 글로벌문화콘텐츠학회 학술대회, 2014, 72-77쪽

김혜정, "중국 청화백자의 기원과 제작 배경", 『미술사와 문화유산』, V.4, 2016. 7-31쪽

김희강, "미국 독립선언문의 사상적 기원과 제퍼슨 공화주의," 『국제정치논총』, 46집 2호, 2006, 121-140쪽

나용식, "존 로크의 인권사상", 『법학연구』, 1987, V.9, 27-18쪽

민희자, "바로크시대 회화에 나타난 꽃예술문화에 관한 고찰" 『한국꽃예술학회』 V.12, 2008 25-48쪽

방병선, "17-18세기 동아시아 도자교류사 연구", 『미술사학연구』 N.232, 2001, 131-155쪽

방병선, "명말청초 중국 청화백자 연구", 『강좌미술사』 V.30, 2008, 321-351쪽

방병선, "황제, 문인, 경덕진-청조 강, 옹, 건기 청화백자 연구", 『미술사학』, V.22. 2008, 295-326쪽

방병선, "17세기 중국 무역도자 연구", 『강좌미술사』 V.33, 2009, 195-225쪽

방병선, "네덜란드공화국 유입 중국도자가 델프트 도기에 미친 영향", 『강좌미술사』 V.48, 2017, 311-335쪽

방병선, "17-18세기 이태리 파엔자 도자에 보이는 시누아즈리 양식 연구", 『한국학연구』 V.69, 2019, 135-160쪽

빙선명, 김종대 역, "원 이전 중국자기의 아주 진출 고찰", 『미술자료』 V.32, 1983, 47-61쪽

손수연, "네덜란드 장르화에 재현된 도자기", 『미술사와 시각문화』 V.15, 2015, 164-180쪽

안경환, "미국 독립선언서 주석", 『국제·지역연구』 10권2호 2001, 103-126쪽

안현정, "네덜란드 '꽃정물화'의 상징과 현대적 재해석 연구", 『한국화예디자인학연구』 V.28, 2013, 3-24쪽

양호승, "15-16세기 동서교역 중 환원소성 코발트블루 예술의 동점과 서전에 관한 일고-명대 영락, 선덕, 정덕, 가정 시기의 청화자기를 중심으로", 『문화교류연구』 제7권 제3호 (2018), 55-77쪽

오금성, "명말청초의 사회변화와 도시사회-경덕진과 그 주변지역을 중심으로", 『동아문화』V.37, 1999, 75-129쪽

와타나베 요시로, "히젠도자기의 해외수출과 나가사키항", 『로컬리티 인문학』 V.10, 2012, 241-255쪽

윤용이, "중국도자의 제작지를 찾아-고령토와 경덕진도자", 『이화여자대학교 도예연구』 V.13, 1991, 33-38쪽

이경규, "명대 마카오의 해상무역과 동서문화의 교류", 『인문과학연구』 V.15, 2011, 123-140쪽

이동소, "네덜란드 화훼산업 현황과 특징", 『세계농업』 V.155, 2013, 25-42쪽

이보형, "아메리카혁명은 어떠한 혁명인가", 『미국사연구』, 1998, V.8, 1-30쪽

이보형, "아메리카혁명과 자유주의", 『미국사연구』, 1993, V.1, 1-17쪽

이영석, "대분기와 근면혁명론", 『역사학연구』, V.58, 2015, 345-377쪽

이영효, "미국독립선언서와 행복추구권", 『미국사연구』 2017, V.46, 75-114쪽

이용욱·장정란, " 중국 원대 청화자기 문양방식에 나타난 몽고적 요소", 『한국도자학연구』 V. 9, 2012, 19-33쪽

이을형, "Grotius의 자유해론에 관한 소고" 『법학론총』 V.2, 1986, 49-65쪽

이재희, "17세기 네덜란드 미술시장", 『사회경제평론』 N.21, 2003, 237-287쪽

이종민, "한반도 출토 중국 청화백자의 유형과 의미", 『중앙논집』 V.35, 2009, 279-321쪽

이한순, "17세기 초 네덜란드의 꽃정물화-16세기 식물학과의 관계를 중심으로-", 『미술사학보』 V.25, 2015, 343-374쪽

이현정, "15-16세기 조선 백자에 보이는 명대 자기의 영향", 『미술사학연구』 N.270, 2011, 125-158쪽

이현휘, "미국 혁명의 종교적 기원(II)-자유주의, 공화주의 그리고 캘빈주의", 『화이트헤드 연구』, N.12, 2006, 73-111쪽

임천·악쿤·정정·박중원·김원석, "송대 민남지역의 수출 도자기 융합현상 분석", 『한국융합학회논문지』 V.10-2, 2019, 133-139쪽

전승창, "조선초가 명나라 청화백자의 유입과 수용 고찰", 『미술사학연구』 N.264, 2009, 35-62쪽

정은희, "17세기 네덜란드 정물화에 재현된 다구의 특성", 『차문화·산업학』 V.40, 2019, 119-144쪽

주경철, "네덜란드 동인도회사의 설립과정", 『서양사연구』 V.25, 2000, 1-34쪽

주경철, "네덜란드 동인도회사와 아시아교역: 세계화의 초기단계", 『미국학』 V.28, 2005, 1-32쪽

주경철, "대서양 세계의 형성과 '서구의 흥기'", 『역사학보』, V.232, 2016, 1-29쪽

최영수, "또르데질랴스 조약 연구" 『역사문화연구』 V.25, 2006, 323-370쪽

최용준, "칼빈주의와 네덜란드의 기업가 정신: 역사적 고찰을 중심으로", 신앙과 학문 19(1), 2014, 153-181쪽

홍기원, "그로티우스의 『자유해양론』(1609)과 셀든의 『폐쇄해양론』(1635)의 논거 대립: 해상무역권 및 어로권을 둘러싼 17세기초 유럽국가들 간의 충돌 및 근대 해상법이론의 형성" 『법과 사회』 N.58, 2018, 271-304쪽

황해붕, "독립혁명기 미국 공화주의의 기본 원리들과 그 변형", 『미국사연구』, V.1, 1993, 19-46쪽

황해붕, "미국 독립혁명의 사상적 성격", 『서양사론』, V.33, N.1, 1989, 103-129쪽

生田滋, "네덜란드 동인도회사의 아시아무역으로의 진출", 학술대회 1(명지대학교 국제 한구학연구소) 2003, 5-59쪽

Roderich Prak, 신용철 역, "포르투갈 극동무역의 성쇠-1513-1640년간 마카오와 일본을 중심으로", 『동양사학연구』 V.22, 1985, 135-158쪽

Abdi, Ali A., "Identity Formations and Deformations in South Africa: A Historical and Contemporary Overview", *Journal of Black Studies*, V.30, N.2, 1999, pp.147-163

Adams, Julia, "Trading States, Trading Places: The Role of Patrimonialism in Early Modern Dutch Development", *Comparative Studies in Society and History*, 1994, v.36 n.2, pp.319-355

Allen, Richard B., "Satisfying the "Want for Labouring People": European Slave Trading in the Indian Ocean, 1500-1850" *Journal of World History*, 2010, v.21 n.1, pp.45-73

Bangs, Jeremy Dupertuis, "Dutch Contributions to Religious Toleration" *Church History*, V.79 N.3, 2010 pp.585-613

Blockmans, Wim, "Four Golden Ages: Regional Interdependency in the Low Countires", *Low Countries Historical Review*, 2012, v.127, n.2, pp.89-96

Borschberg, Peter, "The Seizure of the Sta. Catarina Revisited: The Portuques Empire in Asis, VOC Politics and the Origins of the Dutch-Johor Alliance(1602-c.1616)" *Journal of Southeast Asian Studies*, V.33 N.1, 2002 pp. 31-62

Borschberg, Peter, "The Santa Catarina Incident of 1603: Dutch Freebooting, the Portuguese Estado da India and Intra-Asian Trade at the Dawn if the 17th Century", *Review of Culture*, 2004 pp.13-25

Bosher, J.F., "Huguenot Merchants and the Protestant International in the Seventeenth Century" *The William and Mary Quarterly*, V.52 N.1, 1995 pp.77-102

Buylaert, Frederik & Marie-Gabrielle Verbergt, "Constructing and Deconstructing the 'State': the Case of the Low Countries", *Low Countries Historical Review*, 2017, v.132, n.4, pp.75-79

Chancey, Karen, "The Ambonya Massacre in English Politics, 1624-1632" A Quarterly *Journal Concerned with British Studies*, V.30 N.4, 1998, pp.583-598

Cloete, Elsie, "Afrikaner Identity: Culture, Tradtion and Gender", *Agenda: Empowering Women for Gender Equality*, N.13, 1992, pp.42-56

Corbeiller, C. Le, "China into Delft: A Note on Visual Translation", *The Metropolitan Museum of Art Bulletin*, 1968 V.26 N.6, pp.269-276

Duijnen, Michel van, "From Artless to Artful: Illustrated Histories of the Eighty Years' War in the Seventeenth-Century Dutch Republic", *Low Countries Historical Review*, 2020, v.135, n.2, pp.4-33

Edmundson, George, "The Dutch Power in Brazil (1624-1654). Part I — The Struggle for Bahia (1624-1627)", *The English Historical Review*, v.11, n.42, pp.231-259

Eltis, David, "The Relative Importance of Slaves and Commodities in the Atlantic Trade of Seventeenth Century Africa" *The Journal of African History*, V.35 N.2, 1994 pp.237-249

Finlay, Ronald, "The Pilgrim Art: The Culture of Porcelain in World History", *Journal of World History*, 1998, V.9 N.2, pp.141-187

Flood, Robert P. & Peter M. Garber, "Market Fundamentals versus Price-Level Bubbles: The First Tests" *Journal of Political Economy*, V.88 N.4, 1980 pp.745-770

Ford, Worthington C. "The Earliest Years of the Dutch Settlement of New Netherland" *Proceedings of the New York State Historical Association*, V.17, 1919, pp.74-86

Fourie, Johan & Dieter von Fintel, "Settler Skills and Colonial Development: the Huguenot Wine-makers in eighteenth-Century Dutch South Africa" *The Economic History Review*, V.67 N.4, 2014 pp.932-963

French, Doug, "The Dutch Monetary Environment During Tulipmania" *Quarterly Journal of Austrian Economics*, V.9 N.1, 2006, pp.3-14

Games, Alison, "Anglo-Dutch Connections and Overseas Enterprises: A Global Perspective on Lion Gardiner's World", *Early American Studies*, 2011, v.9, n.2, pp.435-461

Garber, Peter M. "Tulipmania" *Journal of Political Economy*, V.97 N.3, 1989 pp.535-560

Garber, Peter M. "Famous First Bubbles" *The Journal of Economic Perspectives*, V.4 N.2, 1990, pp.35-54

Gerritsen, A. & S. McDowall, "Material Culture and the Other: European Encounters with Chinese Porcelain, ca.1650-1800", *Journal of World History*, 2012, V.23 N.1, pp.87-113

Gillette, M., "Copying, Counterfeiting, and Capitalism in Contemporary China: Jingdezhen's Porcelain Industry", *Modern China*, 2010, V.36 N.4, pp.367-403

Goldstone, Jack A., "Trend or Cycles": The Economic History of East-West Contact in the Early Modern World", *Journal of the Economic and Social History of the Orient*, 1993, v.36, n.2, pp.104-119

Guelke, Leonard, "The Anatomy of a Colonial Settler Population: Cape Colony 1657-1750" *The International Journal of African Historical Studies*, V.21 N.3, 1988 pp.453-473

Guelke, Leonard & Robert Shell, "Landscape of Conquest: Frontier Water Alienation and Khoikhoi Strategies of Survival, 1652-1780" *Journal of Southern African Studies*, V.18 N.4, 1992 pp.803-824

Hexham, Irving, "Dutch Calvinism and the Development of Afrikaner Nationalism", *African Affaires*, V.79, N.315, 1980, pp.195-208

Hirschey, Mark, "How Much Is a Tulip Worth?" *Financial Analysts Journals*, V.54 N.4, 1998 pp.11-17

Hochstrasser, J. B., "Imag(in)ing Prosperity: Painting and Material Culture in the 17th-century Dutch Household" *Herlands Kunsthisthorisch Jaarboek* /Netherlands Yearbook for History of Art, 2000, V.51, pp.194-235

Huang, E. C., "From the Imperial Court to the International Art Market: Jingdezhen Porcelain Production as Global Visual Culture", *Journal of World History*, 2012 V.23 N.1, pp.115-145

Impey, O., "Japanese Export Art of the Edo Period and Its Influence on European Art", *Modern Asian Studies*, 1984 V.18 N4, pp.685-697

Jenyns, S., "The Wares of the Transitional Period between the Ming and the Ch'Ing 1620-1682", *Archives of the Chinese Art Society of America*, 1955 V.9, pp.20-42

Jong, Gerald Francis De, "The Dutch Reformed Church and Negro Slavery in Colonial America" *Church History*, V.40 N.4, 1971 pp.423-436

Krahn, Cornelius, "The Historiography of the Mennonites in the Netherlands" *Church History*, V.13 N.3, 1944 pp.182-156

Lacy, George, "Some Boer Characteristics" *The North American Review*, V.170 N.518, 1900, pp.43-53

Lee, Micky, "Tulipmania: Unchanging Gender Relations in Financial Capitalism" in *Bubbles and Machines: Gender, Information and Financial Crises*, Univ. of Westminster Press, 2019

Little, S., "Economic Change in Seventeen-Century China and Innovation at the Jingdezhen Kilns", *Ars Orientais*, 1996 V.26, pp.47-54

Loth, Vincent C., "Armed Incidents and Unpaid Bills: Anglo-Dutch Rivalry in the Banda Islands in the Seventeenth Century" *Modern Asian Studies*, V.29 N.4, 1995, 705-740쪽

Marks, R. B., "Commercialization without Capitalism: Processes of Environmental Change in South China, 1550-1850", *Environmental History*, 1996, V.1,N.1, pp.56-82

Masselman, George, "Dutch Policy in the Seventeenth Century", The Journal of Economic History, 1961, v.21, n.4, pp.455-468

McClintock, Anne, "No Longer in a Future Heaven: Women and Nationalism in South Africa", *Transition*, N.51, 1991, pp.104-123

Mead, Nelson P., "Growth of Religious Liberty in New York City" *Proceedings of the New York State Historical Association*, V.17, 1919 pp.141-153

Meuwese, Mark, "The Dutch Connection: New Netherland, the Pequots, and the Puritans in Southern New England, 1620-1638", *Early American Studies*, 2011, v.9, n.2, pp.295-323

Middleton, Simon, "Order and Authority in New Netherland: The 1653 Remonstrance and Early Settlement Poltics" *The William and Mary Quaterly*, V.67 N.1, 2010, pp.31-68

Noorlander, D. L. "For the Maintenance of the True Religion: Calvinism and the Directors of the Dutch West India Company" *The Sixteenth Century Journal*, V.44, N.1, 2013 pp.73-95

Okoye, Nwabueze Chukwemeka, "Africanization of South African History", *Hegro History Bulletin*, V.36, N.4, 1973, pp.89-91

Oostindie, Gert & Bert Paasman, "Dutch Attitudes toward Colonial Empires, Indigenous Cultures, and Slaves" *Eighteenth-Century Studies*, V.31 N.3, 1998, pp.349-355

O'Rourke, K. H. & J. G. Williamson, "When did Globalization Begin?", *European Review of Economic History*, 2002, V.6 N.1, pp.23-50

Parker, Geoffrey, "Why did the Dutch Revolt Last Eighty Years?" *Transactions of the Royal Historical Society*, V.26, 1976 pp.53-72

Pierson, S. "The Movement of Chinese Ceramics: Appropriation in Global History", *Journal of World History*, 2012, V.23 N.1, pp.9-39

Postma, Hanannes, "The Dimension of the Dutch Slave Trade from Western Africa" *The Journal of African History*, V.13 N.2, 1972 pp.237-248

Raath, Andries, "Covenant and the Christian Community: Bullinger and the Relationship between Church and Magistracy in Early Cape Settlement(1652-1708)" *The Sixteenth Century Journal*, V.33 N.4, 2002, pp.999-1019

Rommelse, Gijs, "The Role of Mercantilism in Anglo-Dutch Political Relateions, 1650-74"

The Economic History Review, New Series, V.63 N.3, 2010, pp.591-611

Ross, Robert, "The Rise of the Cape Gentry" *Journal of Southern African Studies*, V.9 N.2 1983 pp.193-217

Sawers, Larry, "The Navigation Acts Revisited" *The Economic History Review, New Series*, V.45 N.2, 1992 pp.262-284

Schoolcraft, Henry L. "The Capture of New Amsterdam" *The English Historical Review*, V.22 N.88, 1907 pp.674-693

Shammas, C., "America, the Atlantic, and Global Consumer Demand, 1550-1800", *OAH Magazine of History*, 2005, V.19 N.1, pp.59-64

Silva, Filipa Ribero da, "Crossing Empires: Portuguese, Sephardic, and Dutch Business Networks in the Atlantic Slave Trade, 1580-1674" *The Americas*, V.68 N.1, 2011 pp.7-32

Sluiter, Engel, "Dutch Maritime Power and the Colonial Status Quo, 1585-1641" *Pacific Historical Review*, V.11 N.1, 1942 pp.29-41

Sluiter, Engel, "Dutch-Spanish Rivalry in the Caribbean Area, 1594-1609" *The Hispanic American Historical Review*, V.28 N.2, 1948 pp.165-196

Stanwood, Owen, "Between Eden and Empire: Huguenot Refugees and the Promise of New Worlds" *The American Historical Review*, V.118 N.5, 2013 pp.xvi, 1319-1344

Syrett, Harold C. "Private Enterprise in New Amsterdam" *The Willian and Mary Quarterly*, V.11N.4, 1954, 536-550

Thompson, Earl A. "The Tulipmania: Fact or Artifact?" *Public Choice*, V.130, N.1/2, 2007, pp.99-114

Trelease, Allen W. "Indian-White Contacts in Eastern North America: The Dutch in New Netherland" *Ethnohistory*, V.9 N.2, 1962, pp.137-146

Verwey, Cornel & Michael Quayle, "Whiteness, Racism, and Afrikaner Identity in Post-Apartheid South Africa", *African Affairs*, 2012, V.111, N.445, 2012, pp.551-575

Villiers, John, "Trade and Society in the Banda Islands in the Sixteenth Century" *Modern Asian Studies*, V.15 N.4, 1981 pp.723-750

Vries, J. de, "Luxury and Calvinism/ Luxury and Capitalism: Supply and Demand for Luxury Goods in the Seventeenth-Century Dutch Republic", *The Journal of the Walters Art Gallery*, 1999 V.57, pp.73-85

Wagman, Morton, "Corporated Slavery in New Netherland" *The Journal of Negro History*, V.65 N.1, 1980 pp.34-42

Weichung, Cheng, "Sailing from the China Coast to the Pescadores and Taiwan: A Comparative Study of Chinese and Dutch Sailing Patterns", *Bulletin de l'Ecole Faran-caise d'Extreme-Orient*, 2015, v.101, pp.289-324

Welie, Rik van, "Slave Trading and Slavery in the Dutch Colonial Empire: A Global Comparison", *New West Indian Guide/Nieuwe West-Indische Gids*, 2008, v.82, n.1&2, pp.47-96

Winn, Phillip, "Slavery and Cultural Creativity in the Banda Islands" *Journal of Southeast Asian Studies*, V.41 N.3, 2010, pp.365-389

Wright, H.R.C., "The Moluccan Spice Monopoly, 1770-1824" *Journal of the Malayan Branch of the Royal Asiatic Society*, V.31 N.4, 1958, pp.1-127